U0868283

岳麓書社

读名著　选岳麓

大学 中庸

方向东 导读 注译

岳麓書社·长沙

前　言

《大学》《中庸》二书原是《礼记》中的两篇，《礼记》最早就附属于“六经”中《礼经》（即《仪礼》），是《仪礼》的辅助资料。到了唐代，《礼记》列在“九经”之中，宋代列在“十三经”之中流传至今，可见《大学》《中庸》一直是儒家的重要经典。《大学》《中庸》在西汉时与《论语》《孟子》并称“小经”，相对于所谓“五经”（《诗》《书》《易》《礼》《春秋》）、“六经”（“五经”加《论语》）、“七经”（“六经”加《孝经》）而言，并单行于世。《汉书·艺文志》有《中庸传》二篇，颜师古注曰：“今《礼记》有《中庸》一篇，亦非本礼经。”《四库全书提要》认为：“盖子思之作。是书本以阐天人之奥，汉儒以无所附丽，编之《礼记》，实于五礼无所属，故刘向谓之通论。”宋代孝宗淳熙年间，朱熹为《大学》《中庸》做了章句，为《论语》《孟子》做了集注，把它们编在一起，合称为《四书章句集注》，从此《大学》《中庸》又加入了“四书”的传承系列。朱熹《四书章句集注》到元代列为科举考试用书，一直沿袭到明、清，因而《大学》《中庸》的影响越来越大，是中国思想史、文化史的宝贵财富。

一

《大学》的作者，郑玄注《礼记》此篇时没有明言，宋代有学者认为是曾子所作，如黎立武在《大学发微》中说："《大学》其曾子之书乎？"程颐认为是孔氏之遗书，朱熹认为经文一章"盖孔子之言，而曾子述之"，传文十章"则曾子之意而门人记之也"。比较各家的说法，朱熹的说法最为得当。

《大学》的内容，说得简单点，就是古代的教育方针，牵涉到"知"和"行"两个方面。具体说来，有三大纲领：一是"明明德"，就是挖掘发现人的道德和良知良能，属于求知和修身的范畴；二是"亲民"，程颐认为当作"新民"，就是使民众日益提高自身的素质，是求知和修身的具体运用；三是"止于至善"，就是前二者所达到的境界。实现这三个纲领就是八目："格物""致知""诚意""正心""修身""齐家""治国""平天下"。实现三纲八目有七个步骤："知""止""定""静""安""虑""得"。宋代金履祥的《大学疏义》说："古者上自王公下至庶人之子弟，年八岁则皆入小学，及其十有五年则皆入大学。八岁者，小子也，以其为小子之学，故谓之小学。十五则大人也，以其为大人之学，故谓之大学。小学者，养其良心而谨其学业也。大学者，充其知识而措诸事业也。所谓大学之道者，谓大人所以为学之理也。"朱熹认为就是"教之以穷理、正心、修己、治人之道"（《大学章句·序》）。按朱熹编排的章节，经文部分仅有一章，从"大学之道"到"未之有也"一共只有205个字，朱熹认为是孔子的言论。传文部分十章，朱熹说，前四章统论纲领旨趣，后六章细论条目工夫，是曾子之意而门人记之。

有关《大学》的注释，宋代以前都是附在《礼记》中。早在程颐、程颢之前，司马光有《大学广义》一卷，但对"四书"详细地论说，是从"二程"开始的。朱熹对"四书"可以说穷尽了毕生的精力，直到去世前三天还在修改《大学章句》。自从他的《四书章句集注》问世以后，由于此书的影响，独立成篇的注释和解说渐渐多了起来。从今存的文献来看，宋代有金履祥的《大学疏义》一卷，黎立武的《大学发微》一卷、《大学本旨》一卷；元代有许衡的《大学直解》一卷，景星的《大学集说启蒙》一卷；明代有胡广的《大学章句大全》一卷、《或问》一卷，王守仁的《大学古本旁释》一卷，崔铣的《大学全文通释》一卷，魏校的《大学指归》二卷，王文禄的《大学石经古本旁释》一卷、《申释》一卷，罗汝芳的《近溪子大学答问集》一卷，曹珖的《读大学》一卷，乔中和的《古大学注》一卷，周从龙的《大学遵古编》一卷；清代的就更多了，其中影响较大的，如毛奇龄的《大学证文》四卷，胡渭的《大学翼真》七卷，李光地的《大学古本说》一卷，宋翔凤的《大学古义说》二卷，等等，近40种之多；民国时期有马其昶的《大学谊诂》一卷，易顺鼎的《大学私订本》一卷等。这些著作或者考订版本文字，或者阐发义理，或者训诂名物，或者搜辑资料，从各个方面保存了《大学》的相关资料，推动了《大学》的学习和研究。解放以后，对《礼记》的研究日渐稀少，但星火尚存，而对《大学》则少有问津，不能不算是文化上的缺憾。

《大学》的章节，朱熹因为旧本颇有错简，今因程子所定而更考经文，别为序次，分为经文一章，传文十章，对原来在《礼记》中的次序进行了改动。传文的首章，原在“没世不忘”之下，传文的第三章内引《淇澳》诗以下，原在今传文第六章之后。朱熹按经文的顺序，传文首章解释“明明德”，第二章解释“新民”，第三章解释“止于至善”，第四章解释“本末”，第五章缺文应是解释“格物”和“致知”，第六章解释“诚意”，第七章解释“正心”和“修身”，第八章解释“修身”和“齐家”，第九章解释“齐家”和“治国”，第十章解释“治国”和“平天下”，环环相扣，次序井然，显示了朱熹对《大学》内在逻辑性的深刻的认识和理解。

经学是中国学术的正统，中华文化的根基。宋代程颐、程颢兄弟主张从“四书”读起以至“六经”，朱熹直接说“四书”是学习“六经”的阶梯，并专门为读《大学》总结了一些读书的方法，后人称之为“读《大学》法”或称“读《大学》纲领”。他说：“看《大学》且逐章理会，先将本文念得，次将《章句》来解本文，又将《或问》来参《章句》，须逐一令记得，反复寻究，待他浃洽，既逐段晓得，却统看温寻过。”“《大学》一书有正经，有《章句》，有《或问》。看来看去，不用《或问》，只看《章句》便了，久之又只看正经便了，又久之自有一部《大学》在我胸中，而正经亦不用矣。然不用某许多工夫，亦看某底不出；不用圣贤许多工夫，亦看圣贤底不出。”“伊川旧日教人先看《大学》，那时未解说。而今有注解，觉大段分晓了，只在仔细看。”“一日教看《大学》曰：我平生精力尽在此书，先须通此，方可读他书。”“《语》《孟》随事答问，难见要领，惟《大学》是曾子述孔子说，古人为学之大方，而门人又传述以明其旨，前后相因，体统都具。玩味此书，知得古人为学所向，却读《语》《孟》便易入后面工夫，虽多而大体已立矣。”“看这一书，又自与看《语》《孟》不同，《语》《孟》中只一项事是一个道理，如孟子说仁义处只就仁义上说道理，孔子答颜渊以克己复礼，只就克己复礼上说道理。若《大学》却只统说，论其功用之极。”元代景星在《学庸集说启蒙序》中记载他的先生黄元吉告诫他说：“汝欲为学，必先熟读“四书”以为之本，而后他经可读矣。”“四书”都是把《大学》作为第一篇，就足以说明它是古人学习的入门书。基础的东西是十分重要的，用《大学》中的话来说，知道什么是基础和扎扎实实地打好基础就是“知本”，也就是“止于至善”。假如我们认真地思考一下，古人十五岁进入“大学”阶段就学习《大学》，要解决的是“知本”的问题，是“止于至善”的问题，我们今天十五岁的初中生是否把这样的问题提到教学日程？我们今天的大学生又有多少人解决了这个问题？简单地说，知道自己该干什么和能干什么即知道什么是“至善”了吗？《大学》一书的宗旨，就是从修身做起，进而治理家庭，进而治理国家，进而治理天下。修身相当于我们今天所讲的素质教育，齐家、治国、平天下不就是服务于家庭服务于社会吗？我们今天读《大学》这本书，完全可以透过文字上的一些迷雾，去挖掘古今共通的一些道理和规律。

二

《中庸》的作者，《中庸集解》原序云：“《中庸》之书，子思子之所作也。昔者曾子学于孔子而得其传矣，孔子之孙子思又学于曾子而得其所传于孔子者焉。既而惧夫传之久远而或失其真也，于是推本所传之意，质以所闻之言，更相反复，作为此书。孟子之徒实受其说，孟子没而不得其传焉。汉之诸儒，虽或传诵，然既杂乎传记之间而莫之贵，又莫有能明其所传之意者，至唐李翱始知尊信其书，为之论说，然其所谓灭情以复性者，又杂乎佛老而言之，则亦异于曾子、子思、孟子之所传矣。”

《中庸》的内容，比《大学》要难理解。朱熹的《四书章句集注》原来把《中庸》放在最后，他主张先读《大学》，接着读《论语》，再接着读《孟子》，最后才读《中庸》，这与二程主张先读《大学》，接着读《论语》，再读《中庸》的次序有区别。按照《四库全书提要》的说法，因为《大学》《中庸》的篇幅较小，后来就把《中庸》排在《大学》后。《中庸》难就难在它牵涉到一些较为玄妙的概念和哲理问题，如“中”和“庸”本身就是抽象的哲学概念，再如“天命”“性”“道”也是既古老又抽象而且玄妙的概念，如果缺乏对古代哲学的一些基础知识的理解，就难以理解和把握这部书的中心内容。朱熹这样的学者对“四书”尚且几乎花费了毕生精力，更不要说一般的学人了。当然，朱熹是为了构建理学的理论体系，与我们今天学习的目的是不同的。实际上，只要读懂了《大学》以后，从上述这几个抽象概念入手，《中庸》一书也就不难理解了。概括地讲，《大学》和《中庸》讲的无非是修身和治人的问题。如果说《大学》要解决的问题是学习目的的话，《中庸》要解决的问题就是行为的准则，只不过古人讲得比较抽象罢了。《中庸》的开头两章，是理解《中庸》的关键。其余的三十一章都是对前两章的阐释，说的都是如何做到“率性”“修道”达到“中庸”境界的问题。天下万事，各有各的中庸之道，如同《大学》里所说的“至善”一样，落实到具体的事情，全靠每个人自己去理解和把握了。

《中庸》的注释，据《汉书・艺文志》记载，有《中庸说》二篇；《隋书・经籍志》记载戴颙有《中庸传》二卷，梁武帝有《中庸讲疏》一卷；宋代司马光有《中庸广义》一卷，除朱熹的《中庸章句》外，还有游酢的《中庸义》一卷，晁说之的《中庸传》一卷，张九成的《中庸说》三卷，袁甫的《蒙斋中庸讲义》四卷，黎立武的《中庸指归》一卷；元代有许谦的《读中庸丛说》二卷，许衡的《中庸直解》一卷，景星的《中庸集说启蒙》一卷；明代有崔铣的《中庸凡》一卷，王文禄的《中庸古本旁释》一卷、《古本前引》一卷、《古本后申》一卷，罗汝芳的《近溪子中庸答问集》二卷，周从龙的《中庸发覆编》二卷，曹珖的《读中庸》一卷，顾起元的《中庸外传》三卷；清代的注释著作就更多了，其中重要的有毛奇龄的《中庸说》五卷，李光地的《中庸章段》一卷、《中庸余论》一卷、《中庸四记》一卷，李塨的《中庸传注》一卷、《中庸传注问》一卷、《恕谷中庸讲语》一卷，戴震的《中庸补注》一卷，单为鏓的《中庸述义》一卷、续一卷，姜国伊的《中庸古本述注》一卷；民国以后有马其昶的《中庸篇义》一卷、《中庸谊诂》一卷，胡怀琛的《中庸浅说》一卷，唐文治的《中庸大义》一卷。从这些著作看，阐发义理的居多，对我们今天学习和研究《中庸》有不可或缺的参考价值。

《中庸》在宋代以前不分章，宋代朱熹分为三十三章，黎立武的《中庸指归》分为十五章，《四库全书提要》云："《中庸》分章则以'天命之谓性'以下为一章，'仲尼曰'以下为二章，'君子之道费而隐'以下为三章，'道不远人'以下为四章，'君子素其位而行'以下为五章，'君子之道辟如行远'以下为六章，'鬼神之为德'以下为七章，'哀公问政'以下为八章，'诚者天之道也'以下为九章，'惟天下至诚'以下为十章，'诚者自成也'以下为十一章，'大哉圣人之道'以下为十二章，'仲尼祖述尧舜'以下为十三章，'惟天下至圣'以下为十四章，'《诗》曰衣锦尚絅'以下为十五章。"黎立武的分章源自郭氏，郭氏又源于程氏，朱熹也是程氏的门人，反映了程氏以后学说的分歧。与朱熹的分章比较，黎立武的第二章包括了朱熹的第二至十一章，第七章包括了朱熹的第十六至十九章，第八、第九章的内容朱熹合在第二十章内，并把"自诚明，谓之性；自明诚，谓之教。诚则明矣，明则诚矣"一段单独分为第二十一章，第十章包括了朱熹第二十二至二十四章，第十一章包括了朱熹的第二十五至二十六章，第十二章包括了朱熹的第二十七至二十九章，第十四章包括了朱熹的第三十一至三十二章。黎立武说："书十有五章，首章统论一篇之大旨，二章备著夫子之格言，三章而下明率性谓道、修道谓教之事，九章而下明至诚尽性、至诚能化之事，末乃伤今思古，以道统绝续之会、帝王授受之真实在夫子，且反复推明仁诚之道，以俟后之圣人，末章则穷理尽性至命之学也。其为书也，大周乎天地，微极乎物理，幽贯乎神明，而卒归之无声无臭焉。广大精微，盖本诸易。"（《中庸指归》）从黎立武的第二章看，显然比朱熹分得合理。但是朱熹注意到了《中庸》各章的层次和关系，他说：首章"其下十章，盖子思引夫子之言，以终此章之义"，第十二章"其下八章，杂引孔子之言以明之"，第二十一章"自此以下十二章，皆子思之言，以反复推明此章之意”。可见，黎立武用的是平面的分法，朱熹用的是立体的分法，比黎立武更胜一筹。

为了方便读者阅读和理解，本书以朱熹的《四书章句集注》为底本，按章节次序加以题解、导读、简注，翻译原文，文后选编附录。注释中对历代理解歧异者，择善而从。译文尽量忠于原文，多用直译，少用意译。导读力求深入浅出，也引用古人的原文，以求雅俗可以共赏。书中不妥和错误之处，敬请广大读者批评指正。

方向东

目　录

大　学

中　庸

附　录

大学

题 解

《大学》这部书，原是《礼记》中的第四十二篇，宋代理学家单独抽出成书，程颐有《改正大学》，朱熹又以此为底本，对章节重新进行了编排，分为经文一章，传文十章。朱熹说："凡传十章：前四章统论纲领指趣，后六章细论条目工夫。其第五章乃明善之要，第六章乃诚身之本，在初学尤为当务之急，读者不可以其近而忽之也。"本书的章节顺序，即依朱熹《大学章句》的编排，小有改动。

《大学》是古代教育理论的著作，也是儒家政治理论纲领。汉代郑玄在《三礼目录》中说："名曰《大学》者，以其记博学，可以为政也。此于《别录》属《通论》。"唐代孔颖达认为："此《大学》之篇，论学成之事，能治其国，章明其德于天下，却本明德所由，先从诚意为始。"宋代朱熹认为《大学》这本书是古代大学所以教人之法，相对于十五岁前的小学而言。他说："人生八岁，则自王公以下，至于庶人之子弟，皆入小学，而教之以洒扫、应对、进退之节，礼乐、射御、书数之文；及其十有五年，则自天子之元子、众子，以至公、卿、大夫、元士之適子，与凡民之俊秀，皆入大学，而教之以穷理、正心、修己、治人之道。此又学校之教、大小之节所以分也。"（《四书章句集注》）宋代卫湜引程颐说："《大学》乃孔子遗书，须从此学则不差。""初学入德之门，无如《大学》者，今之学者赖有此篇书存，其它莫如《论》《孟》。"引蓝田吕氏曰："小学之教，艺也，行也。大学之教，道也，德也。礼、乐、射、御、书、数，艺也；孝、友、睦、姻、任、恤，行也。自致知至于修身，德也；所以治天下国家，道也。古之教者，学不躐等，必由小学然后进于大学。”（卫湜《礼记集说》卷一百四十九）引永嘉薛氏曰：“所谓大学者，以其学而大成，异于小学。处可以修身齐家，出可以治国平天下也。”（卫湜《礼记集说》卷一百五十二）

总体来说，《大学》讲的是“格物”“致知”“诚意”“正心”“修身”“齐家”“治国”“平天下”的教育理论宗旨，即所谓“道”，而不是具体的方法。

经

导读

这段文字是经文部分，朱熹认为是“盖孔子之言，而曾子述之”。以下是传文十章，“则曾子之意而门人记之也。旧本颇有错简，今因程子所定，而更考经文，别为序次如左”。

大学，相对于小学而言。古人十五岁以前的小学教育阶段学习的是洒扫、应对、进退的行为规范以及礼乐、骑马射箭和写字计算的基础知识，十五岁以后的大学教育阶段学习的是探究事理、端正思想乃至修身治人的素质提升。小学是大学的基础，大学是小学的深造。宋代陈淳说：“小学是学其事，大学是穷其理。”（《朱子语类》卷七）宋卫湜引涑水司马氏曰：“正心修身齐家治国以至盛德著明于天下，此学之大者也，故曰大学。”（卫湜《礼记集说》卷一百四十九）开头提出的“明明德”“亲民”“止于至善”，可以说是本文的三个纲，第二段讲到的“格物”“致知”“诚意”“正心”“修身”“齐家”“治国”“平天下”是八个目，“修身”以上都属于“明明德”之事，“平天下”以上属于“亲民”之事；“止于至善”是“明明德”“亲民”的最高阶段；而第一段中讲到的“知”“止”“定”“静”“安”“虑”“得”是实现四纲八目的七个步骤。“知”指通过学习了解“至善”之所在；“止”指应当处的位置，即至善的境地。郑玄解释为“自处”，强调了人的自觉意识。宋代卫湜引延平杨氏曰：“古之善学者，必先知其所止，然后可以渐进。”具体到个人，就是在社会中的定位,也就是自己该干什么能干什么,例如做儿子的止于孝,做父亲的止于慈,就是止于至善;了解了“至善”之所在,思想就有了定准,即所谓“定”;“止”与“定”是因果关系,“止”是“定”的因,“定”是“止”的果,只有“知止”才能做到“定”。“定”则能心不妄动,即做到所谓“静”;心静则能专一,即所谓“安”;身心俱“安”,则能思虑精密周详,即所谓“虑”;“虑”则能得其所止,是为“得”。郑玄解释说“得谓得事之宜也”,也就是为人处事的最佳点。郑玄解释“知谓知善恶吉凶之终始也”,往高层次说,是明天理、察人事;往低处说,就是明事理。知道事物的本末终始,也就是抓住重点;知所先后,是知道哪些事情该先做,哪些事情该后做;懂得这些,就接近道即把握了大学的宗旨了。

儒家认为,人的先天本性具有善良美好的东西,即人之初,性本善;但在后天容易受物欲的蒙蔽掩盖,就像镜子沾染尘埃,必须时时拂拭才能保持明洁;“明明德”是大学教育的起点,也是儒家修身的基点。宋代卫湜引朱熹曰:“学者须是为己,圣人教人只在《大学》第一句‘明明德’上。”引象山陆氏曰:“此言《大学》指归。欲明明德于天下是入大学标的,格物、致知是下手处。《中庸》言博学、审问、慎思、明辨是格物之方。”(卫湜《礼记集说》卷一百四十九)明代章世纯解释“明德”说:“理通于众则高明光大谓之明德,其数则仁、义、礼、智、孝、弟、忠、信之类是也。”(《四书留书》)

“格物”“致知”等于我们今天所说的追求知识和真理,也是修身必须具备的基本文化素质。《中庸》里说“不明乎善,不诚乎身矣”,“格物”也就是做到明善。明代邵宝说:“聚精会神置吾心于是物之中,致一而不及乎他,是之谓格。”(《简端录》)朱熹说:“所谓致知在格物者,言欲致吾之知,在即物而穷其理也。盖人心之灵莫不有知,而天下之物莫不有理,惟于理有未穷,故其知有不尽也。是以《大学》始教,必使学者即凡天下之物，莫不因其已知之理而益穷之，以求至乎其极。至于用力之久，而一旦豁然贯通焉，则众物之表里精粗无不到，而吾心之全体大用无不明矣。”“致知”是基础，从知觉到知识，从知己到知心，从你知我知到天知地知，都是一个“知”，但这个“知”字非常重要，“知”是明道悟道最基本的作用，也是入德的门径。宋代程颐说：“知者，吾之所固有，因物有迁则迷而不知，迷而不知则天理灭矣，故圣人欲格物以致其知也。”（卫湜《礼记集说》卷一百四十九）“诚意”“正心”是修身必须具备的基本心理素质，相当于今天所说的“情商”。“修身”是儒家追求的“内圣”，而“亲民”和“齐家”“治国”“平天下”则是修身的外用。“家”在古代是以宗族为中心的聚族而居的群体，不是我们今天所说的小家庭。“齐家”的“齐”，是维持和治理的意义。孔子说过，己欲立而立人，己欲达而达人。“亲民”就是有仁爱之心，能正确处理君臣、父子、夫妇、兄弟、朋友五种人伦关系，从而取得“齐家”“治国”“平天下”的成效。做到了宋代理学家所说的“内圣外王”，就是达到了最高的境界——“至善”，因此说是最高的智慧。天下之本在国，国之本在家，家之本在身，身之本在心，心在于正，正在于诚。大学之道，可以用两个词语来概括，就是修身、治人。明德就是修身，亲民就是治人。各自有不同的最高的准则，不好具体言说，所以笼统地说“止于至善”。“至善”应该就是“中庸”的境界。

原文

大学[1]之道，在明明德[2]，在亲民[3]，在止于至善。知止而后有定，定而后能

译文

大学的宗旨，在于使人本来具有的美好的德性显现出来，在于使民众自我革新，在于使人处于最美好的境界。知道应该处在美好的境界，然后才能有坚定的目标；有

静，静而后能安，安而后能虑，虑而后能得。物有本末，事有终始，知所先后，则近道矣。

了坚定的目标，然后才能心绪安定；心绪安定然后才能神志专一；神志专一然后才能深思熟虑；深思熟虑然后才能获得最佳结果。万物都有本末轻重，万事都有首尾始终。知道事情谁先谁后，就接近把握大学的宗旨了。

注释

1 大学：据朱熹说，指大人之学。古代八岁入小学，十五岁入大学。

2 明明德：使明德显明。第一个“明”字是使动用法。明德，指人本来具有的良知良能。宋代真德秀解释为天赋予的德性。

3 亲民：亲，程颐认为当作“新”，据后面的传文，程说有据。新民，即使民众自新。

原文

古之欲明明德于天下者，先治其国；欲治其国者，先齐其家；欲齐其家者，先修其身；欲修其身者，先正其心；欲正其心者，先诚其意；欲诚其意者，先致其知；致知在格物[1]。物格而后知至，知至而后意诚，意诚而后心正，心正而后

译文

古代想要把美好的德性显现于天下的人，首先要治理好自己的国家；想要治理好自己的国家的，必定要先管理好自己的家庭；想要管理好自己的家庭，必定要先培养好自己的品德和素质；想要培养好自己的品德和素质，必定要先端正自己的思想；想要端正自己的思想，必定要先使自己的意念真诚；要使自己的意念真诚，必定要先获取知识；获取知识在于探究事物的原理。探究到事物的原理，然后才能获得真知；获得真知，然后才能意念真诚；意念真诚，然后才能思想端正；思想端正，然后才能培养好品德和素质；培养好了品

身修，身修而后家齐，家齐而后国治，国治而后天下平。

德和素质，然后才能把家庭管理好；家庭管理好了，然后才能把国家治理好；国家治理好了，然后才能达到天下太平。

注释

1 格物：探究事理。格，至，指了解到。

原文

自天子以至于庶人，壹是[1]皆以修身为本。其本乱而末治者否矣。其所厚者[2]薄，而其所薄者[3]厚，未之有也。此谓知本，此谓知之至也。[4]

译文

上自天子，下至普通百姓，都要把培养自己的品德和素质作为根本。根本问题没有抓好，而要把其他枝节问题解决好，那是不可能的。对本该重视的地方没有重视，却能使薄弱之处变得深厚，从来没有这样的事情。懂得这些就叫做知道根本，这就叫做最高的智慧。

注释

1 壹是：一切（朱熹说）。

2 所厚者：指家庭，与自身的关系最接近。

3 所薄者：指国和天下，与自身的关系相对较远。

4 此谓知本，此谓知之至也：此二句原在传文第四章后，属第五章，程颐认为是衍文，依《礼记》置于此。

传

第一章

导读

这段文字是传文的第一章,《礼记》本在下文“没世不忘也”之下,今依朱熹《四书章句集注》本。引用夏、商、周三代的典籍,解释“明明德”。《康诰》记载周成王伐诛管叔、蔡叔以后,再封康叔于殷,管治殷的遗民,在诰文里用“克明德”这句话训诫康叔。这句话本来是赞美文王能明其德。《大甲》记载伊尹把大甲放逐到桐,三年之后,大甲改过自新,伊尹又把他接回来复位,写了三篇告诫书,开头讲的就是这句话。《帝典》里的话本来是赞美尧能明其德,这里用来说明文王、汤、康都是自明,证明儒家的修身理论不是凭空而来,而是有悠久的历史文化渊源的。

原文

《康诰》[1]曰:“克[2]明德。”《大甲》[3]曰:“顾諟[4]天之明命[5]。”《帝典》[6]曰:“克明峻[7]德。”皆自明也。

译文

《康诰》里讲的“能明德”,《大甲》里讲的“常常关注自然赋予自己的基本特性”,《尧典》里讲的“能明大德”,都指的是自己使美好的德性显现出来。

注释

1 《康诰》:《尚书·周书》篇名。

2 克：能。

3 《大甲》:《尚书·商书》篇名。大甲是人名，汤的孙子。大，读作“太”。

4 諟：古“是”字，此。

5 天之明命：指自然赋予的基本特性。《大戴礼记·本命》:“分于道谓之命。”

6 《帝典》：指《尧典》,《尚书·虞书》篇名。

7 峻：大。《尚书》作“俊”。

第二章

导读

这段文字是传文的第二章，《礼记》本在下文“没世不忘也”之下，今依朱熹《四书章句集注》本。仍然引用夏、商、周三代的典籍，解释“新民”。所谓“新”，是指使德行变新。这里的自新有三个层面，一是个人的自新，一是集体的自新，一是时代的自新。这对个人如何适应社会的发展，仍有非常重要的启示意义。元代景星说：“此节工夫全在‘苟’字‘又’字上。‘苟’字是志念真确于其始，‘又’字是工夫不断于其终。”（《大学集说启蒙》）自新也好，新民也好，达到的标准仍然是经文所说的“止于至善”。这里的自新有三个层次，宋代卫湜引石林叶氏曰：“‘新’之至于‘又新’者，德之在己也。‘作新民’，德之在人也。‘其命新’者，德之在天也。盖君子之德至于受天之命而后极其明德也。”（卫湜《礼记集说》卷一百五十一）

原文

汤[1]之《盘铭》[2]曰：“苟日新[3]，日日新，又日新。”《康诰》曰：“作[4]新民。”《诗》曰：“周虽旧邦，其命惟新。”[5]是故君子无所不用其极[6]。

译文

商汤的《盘铭》上说：“能够诚心坚持当天自新，从而天天自新，而且做到每天自新。”周代《康诰》里说：“人们改造成为新人。”《诗经》里说：“周虽然原来是殷朝的旧国，但接受的天命是焕然一新的。”所以君子竭尽全力更新自己。

注释

1 汤：商代君主。

2 盘：沐浴用的盆。铭：铭文，用来自我警诫的格言之类。

3 苟：诚。新：洗净污垢，比喻更新自己。

4 作：指改造自我。

5《诗》见《大雅·文王》。

6 用其极：指用尽全力。极，尽。

第三章

导读

这段文字是传文的第三章，从开头到“与国人交，止于信”，《礼记》本原接上文在“没世不忘也”之下，今依朱熹《四书章句集注》本。

文章开头多次引用《诗经》，用的是借喻手法。唐代孔颖达说：“引《诗》言学问自新、颜色威仪之事，以证诚意之道也。”引《玄鸟》之诗说明民之所止在邦畿，引《缗蛮》之诗说明鸟之所止在丘隅，是知其所止，引《文王》之诗说明文王能敬其所止，都是用来比喻能“止于至善”，从而提出了人伦关系的最高准则：君仁、臣敬、子孝、父慈、交信。所谓君仁，是说当领导的要把目标放在仁爱上，即当官为民作主，为百姓谋利益。所谓臣敬，是说当部下的要忠于职守，爱岗敬业。所谓子孝，是说子女对父母要孝顺、孝敬，不仅仅是承担我们今天法律上讲的赡养义务，而且是子女的所作所为以及发展能让父母心安。所谓父慈，不是说父亲包括母亲对子女要像母鸡护小鸡那样溺爱，而是要让子女受教育，为他们考虑久远。所谓交信，就是与人交往以诚相待，不因关系的亲疏而增减。鸟儿尚能做到止息在善地，何况人呢？古代的周文王、武王做到了“止于至善”，是后人学习的榜样。《卫风·淇澳》这首诗，本来是卫国人思念赞美卫武公已经九十五岁高龄，还能具备思过修学，勤于国事的美德。（南怀瑾《原本大学微言》）

元代景星说：“此节重在‘止’字。邦畿，天下之中；至善，事理之中；借粗以明精。言王畿居天下之中，故惟民所止；至善为事理之中，故学者所当止也。”（《大学集说启蒙》）清代李光地说：“引《玄鸟》之诗明至善之当止也，引《绵蛮》之诗明止之不可不知也，引《文王》之诗明静安之至则能虑而得也。”（《大学古本说》）

本段着重围绕“所止”和“知所止”两个方面论述。用今天的话来说，就是一个人应该知道做什么和如何去做。

原文

《诗》云：“邦畿千里，惟民所止。”[1]《诗》云：“缗蛮黄鸟，止于丘隅。”[2]子曰：“于止[3]，知其所止，可以人而不如鸟乎？”《诗》云：“穆穆文王，於缉熙敬止。”[4]为人君，止于仁；为人臣，止于敬；为人子，止于孝；为人父，止于慈；与国人交，止于信。

译文

《诗经》上说：“京都管辖近千里，都是民众居住地。”《诗经》上说：“黄鸟声声鸣，栖息在山陵。”孔子评论说：“鸟儿都知道该止息在什么地方，人怎么能还不如鸟呢！”《诗经》上说：“端庄恭敬的文王啊，光明磊落，敬重自己所处的地位。”当国君的，要处在仁的境界；为人臣的，要处在敬的境界；做子女的，要处在孝的境地；做父母的，要处在慈的境地；与国人交往，要处在信的范围。

注释

1 邦畿（jī）：国都附近地区。 止：居。《诗》见《商颂·玄鸟》。

2 缗（mín）蛮：鸟鸣声。缗，《毛诗》作“绵”。 丘隅：山陵。《诗》见《小雅·缗蛮》。

3 于止：于鸟所止。

4 穆穆：敬肃的样子。 於（wū）：语气词。 缉熙：光明的样子。 止：原是语气词，这里取实义，停止。《诗》见《大雅·文王》。

原文

《诗》云：“瞻彼淇澳[1]，菉竹猗猗[2]。有斐[3]君子，

译文

《诗经》上说：“看那弯弯淇水边，绿竹茂盛一片。君子文采翩翩，像

如切如磋，如琢如磨。[4]瑟兮僩兮[5]，赫兮喧兮[6]。有斐君子，终不可諠[7]兮！”“如切如磋”者，道学也。“如琢如磨”者，自修也。“瑟兮僩兮”者，恂慄[8]也。“赫兮喧兮”者，威仪也。“有斐君子，终不可諠兮”者，道盛德至善，民之不能忘也。《诗》云：“於戏[9]，前王[10]不忘！”君子贤其贤而亲其亲，小人乐其乐而利其利，此以没世不忘也。

在琢磨玉石，像在切磋象牙。神态多么庄重威武，心胸多么光明广大。风度高雅的君子，令人始终不能忘怀。”“如切如磋”，说的是研讨学问。“如琢如磨”，说的是修养自身。“瑟兮僩兮”，说的是内心充满恭敬戒惧。“赫兮喧兮”，说的是外表庄重威严。“有斐君子，终不可諠兮”，说的是德行盛大尽善尽美，民众不能忘记他。《诗经》上说：“呜呼！前代的圣王令人难忘。”后代的君子赞美先王尊重贤能、热爱亲族；小人享受先王带来的安乐和利益，因此永远不会忘记他们。

注释

1 淇（qí）：水名。澳（yù）：弯曲的河岸。

2 菉竹：草名，茎叶似竹。菉，《毛诗》作“绿”。猗猗（yī）：茂盛的样子。

3 有斐：富有文采的样子。

4 切：加工骨器。磋：加工象牙、角器。琢：加工玉器。磨：加工石器。切、磋、琢、磨，比喻研究学问、修养品德。

5 瑟：庄重的样子。僩（xiàn）：威武的样子。

6 赫：显赫。喧：《毛诗》作“咺”，盛大的样子。

7 諠：《毛诗》作“谖”，忘记。

8 恂（xún）慄：恭敬戒惧的样子。

9 於戏（wū hū）：感叹词。

10 前王：指周文王、周武王。《诗》见《周颂·烈文》。

第四章

导读

这段文字是传文的第四章。郑玄认为，圣人听讼用耳目等方法与人相同，但一定要使民没有实情者不敢尽陈其辞，大畏其心志，使诚其意不敢讼，说“本”指“诚其意”；朱熹认为这一章是“释本末”，朱说为胜。孔子所说的“无讼”，并不是这里所解释的“无情者不得尽其辞，大畏民志”，而是一种最高的理想。听讼犹人，是自诚其意；使人无讼，是使人诚其意。宋代卫湜引清江刘氏曰：“听讼能判曲直，岂不为美？然而圣人之意以无讼为先者，贵息争于未形也。”（卫湜《礼记集说》卷一百五十一）可谓切中意旨。本章引用孔子断案的理想，说明孔子不仅自己做到了诚，而且要使别人也做到诚，从而解释“本末”和“知本”。“听讼”是末，“无讼”是本，旨在说明处理事情要从根本做起，与修、齐、治、平的指导思想一致。

原文

子曰：“听讼，吾犹人也。必也使无讼乎！”[1]无情[2]者不得尽其辞，大畏民志，此谓知本。

译文

孔子说：“审理诉讼案件，我和别人差不多。一定要努力去做的，使诉讼案件不再发生！”使那些隐瞒实情的人不能尽情编造谎言，使民心非常畏服，这就叫做知道根本。

注释

1 “子曰”二句：见《论语·颜渊》篇。听讼，古代审理案件用耳朵、眼睛听言语、看神态。《周礼·秋官·小司寇》：“以五声听狱讼，求民情：一曰辞听，二曰色听，三曰气听，四曰耳听，五曰目听。”

2 情：实情。

第六章

导读

这段文字是传文的第六章,解释如何“诚其意”。原前有“此谓知本,此谓知之至也”,为传文的第五章,今依《礼记》移至经文末。唐代孔颖达说:“此一节明诚意之本,先须慎其独。”宋代卫湜引蓝田吕氏曰:“诚者,天之道也,性之德也。非人知之所能谋,非人力之所能造也。见好色则爱之,闻恶臭则恶之,发于心之自然不思不勉者也;如知水之寒,知火之热,知蘗之苦,知饴之甘,疾痛疴痒心为之感者,莫非诚也。”(卫湜《礼记集说》卷一百五十)恶恶臭比喻见到不善必去之而后快,好好色比喻见到善必得之而后快。恶恶臭、好好色就是“诚”,出乎自然的“诚”。为善去恶都是出于本心,不是为人,这样才是“诚”。人最容易自己欺骗自己,独处的时候尤其如此。人如果自欺,就会欺人,最终被人欺。人要自爱,才能爱人,最终才能被人爱。人要自尊,才能尊人,最终才能被人尊。小人在独处的时候做坏事,无所不为,这就是自欺;见到君子然后躲躲藏藏掩盖做过的坏事,故意表现出好的行为,这就是欺人。因此本段提出了“慎独”这一重要论题,能把独处当作群处来修养自身,这是道德层面的高度自律。关于“独”的理解,宋代卫湜引新定邵氏曰:“独非特孤居独处之谓也。虽与人同堂合席,而意藏于中,人所不知,己所独知者,皆君子致谨之时也。能谨其独,则能诚其意矣。”(卫湜《礼记集说》卷一百五十)可见“独”重点在于内心的思想,“慎独”也就是要慎意之诚不诚。

文中好、恶相对,与传文第八、第十章的论述相呼应。富、德相对,与传文的第十章的论述相呼应。

原文

所谓诚其意者，毋自欺也。如恶恶臭[1]，如好好色[2]，此之谓自谦[3]。故君子必慎其独[4]也。小人闲居[5]为不善，无所不至，见君子而后厌然[6]，掩其不善，而著其善。人之视己，如见其肺肝然，则何益矣。此谓诚于中，形于外，故君子必慎其独也。曾子曰："十目所视，十手所指，其严[7]乎！"富润屋，德润身，心广体胖[8]，故君子必诚其意。

译文

所谓使自己的意念真诚，就是不要自欺。就好比憎恶难闻的气味，就好比喜爱美色那样自然真实，能明辨美恶，这就叫做自我感到愉快。所以君子在独处的时候一定要谨慎。小人在独处的时候做坏事，无所不为，见到君子然后躲躲藏藏掩盖做过的坏事，故意表现出好的行为。别人看自己，好像看到肺和肝一样，这样做又有什么用处呢？这就叫做内心真实的东西一定会在外面表现出来，所以君子在独处的时候一定要谨慎。曾子说过："十个人的眼睛在看着你，十个人的指头在指着你，多么令人畏惧啊！"财富可以把房屋装饰得漂亮，道德能够美化自身，心胸宽广，身体自然安泰舒适，所以君子一定要使自己的意念真诚。

注释

1 恶（wù）恶（è）臭（xiù）：上"恶"字，憎恶。恶臭，难闻的气味。

2 好（hào）好（hǎo）色：上"好"字读去声，喜爱的意思。好色，美色。

3 谦：通"慊"（qiè），快乐，满足。

4 独：独处。

5 闲居：独处。

6 厌（yǎn）然：掩饰躲藏的样子。厌，通"黡"。

7 严：严峻，指畏惧。

8 胖（pán）：安然舒适。

第七章

导读

这段文字是传文的第七章,从反面说明如何“正心”和“修身”。人如果受到喜怒哀乐等情绪的干扰,精神就不能集中专一,思想就不能端正,即使做到了意念真诚,仍然不能提高自身的修养。忿比怒的程度激烈,懥是怒的存留。忿懥、恐惧、好乐、忧患都是从人的内心产生,其中忿懥、好乐是内心对外界的感应,而恐惧、忧患是外界对内心的影响,这些属于有心的毛病,即有所偏主。本书开头讲到的“知止而后有定,定而后能静,静而后能安”,就是“正心”的问题。人由于忿懥、恐惧、好乐、忧患情绪的影响,就必然不能做到“知止”,也就自然不能定而静,不能静而安。“心不在焉”四句,说的是无心的毛病,心无所存。因此说,修身在正其心。孟子说:“学问之道无他,求其放心而已矣。”所谓求其放心,就是把放肆在外的心收回本位,也就是正心。管子认为:“心之在体,君之位也。九窍之有职官之分也。心处其道,九窍循理。”(《管子·心术上》)宋代金履祥说:“前段所以明心不得其正之原,后段所以言心不得其正之弊。”(《大学疏义》)

原文

所谓修身在正其心者,身[1]有所忿懥[2],则不得其正;有所恐惧,则不得其正;有所好乐,则不得其正;有所忧患,

译文

所谓要培养好自己的品德和素质在于端正自己的思想,是因为自身内心怀有愤怒,思想就不得端正;内心怀有恐惧,思想就不得端正;内心怀有喜好,思想就不得端正;内心怀有忧患,思想就不得端正。

则不得其正。

心不在焉，视而不见，听而不闻，食而不知其味。此谓修身在正其心。

有这些情绪干扰，心神就不能集中，虽然在看却什么也没有看见，虽然在听却什么也没有听见，虽然在吃却不知道什么滋味。这就叫做要培养好自己的品德和素质在于端正自己的思想。

注释

1 身：程颐认为当作“心”。

2 忿懥（zhì）：愤怒。

第八章

导读

这段文字是传文的第八章，从反面说明如何“修身”和“齐家”。上文的“正心”讲的是如何处理好内心与外界的关系，本文的“修身”讲的是如何处理好事情。处理事情最容易犯的错误就是偏执，亲爱、贱恶、畏敬、哀矜、敖惰五个方面，最容易形成心理上的偏差。庄子说：“彼亦一是非，此亦一是非。”(《齐物论》)其根源在于人的好恶所站的立场不同。家庭的根本在每个成员自身，由于人的好恶会直接导致认识事物不正确，因而处理问题产生错误。如对自己孩子，由于爱心的蒙蔽，就难以了解他的毛病；如对自己的庄稼，由于贪心的蒙蔽，就认为总是不如别人的好。完美主义和求全责备都会产生偏执，从而不能用科学的观点去认识问题和处理问题。老子说过：“自知者明。”所谓自知，就是正确地认识自己。人要做到自知，就必须不断地提高自身的修养，修养提高了，才能正确地处理事情。与人最密切的是家庭，能否处理好家庭的事情，与人的自身修养有直接的关系。

原文

所谓齐[1]其家在修其身者，人之其所亲爱而辟[2]焉，之其所贱恶而辟焉，之其所畏敬而辟焉，之其所哀矜[3]而辟焉，之其所敖惰[4]而辟焉。故好而知其恶，恶而知其

译文

所谓管理好自己的家庭在于培养好自己的品德和素质，是因为人对于自己所亲近喜欢的人会过于喜爱，对自己所轻视厌恶的人会过于厌恶，对自己所敬畏的人会过于尊敬，对自己所哀怜同情的人会过于怜悯，对自己所傲视怠慢的人会过于轻视。所以喜欢一个人同时能了解他的缺点，厌恶一个人同时能了解他的优点，这样的人

美者,天下鲜[5]矣。故谚有之曰:“人莫知其子之恶,莫知其苗之硕。”[6]此谓身不修不可以齐其家。

天下少有。所以谚语有这样的说法:“没有一个人知道自己孩子的毛病,没有一个人认为自家的禾苗长得茂盛。”这就说明自己的品德和素质培养不好就不能管理好自己的家庭。

注释

1 齐:整齐,指整顿,管理。

2 辟:偏执,偏向。

3 哀矜:同情,怜悯。

4 敖惰:傲视、怠慢。敖,同“傲”。

5 鲜(xiǎn):少。

6 “故谚有之曰”句:此俗语二句,是说溺爱者不明,贪得者无厌,偏爱为害。溺爱者不明,贪得者无厌,是则偏之为害,而家之所以不齐。硕,大,指茂盛。

第九章

导读

这段文字是传文的第九章，解释“齐家”和“治国”。一个人自身的品德和素质高，就可以把家庭教育好，作为家长尤其重要。对家庭成员而言，关键是孝、悌、慈三个方面，即父慈子孝，兄友弟恭。从个人而言，属于修身。从家庭而言，这是家庭内部的教育。推而广之，可以应用于事君、事长、使众。所谓“君子不出家而成教于国”，因为国家的教化来源于家庭的孝、悌、慈。

事君要忠，本源于事父的孝；事长要顺，本源于事兄的悌；使众要仁，本源于爱子的慈。《孝经》里说：“君子之事亲孝，故忠可移于君；事兄悌，故顺可移于长；居家理，故治可移于官。”所谓“赤子”，指新生儿身体呈红色，所以叫赤子。养赤子完全出于慈爱之心，内心是非常真诚的，母亲抚养孩子，是出于自然的爱心，所以说“未有学养子而后嫁者也”。有了这种诚心，虽然未必完全正确，但也相差不远。慈之所以使众，不过是把这种爱心推加到别人身上而已。

文章以尧、舜仁爱，桀、纣贪暴为例，从正反两个方面证明，一个国君相当于一国的家长，他的榜样作用，是影响到整个国家的。上有所好，下必甚焉，俗语所说的“上梁不正下梁歪”，说的都是这种上化下的作用。“刑于寡妻，至于兄弟，以御于家邦。”（《诗·大雅·思齐》）说的也是这种齐家与治国的关系。“帅”的意思就是率领，就是亲自带头去做。尧、舜帅天下以仁，若令民为暴，民必不从；桀、纣帅天下以暴，若令民为仁，民必不从；所以说：“其所令反其所好，而民不从。”所谓“有诸己”是指有善有优点，“无诸己”是指无善有缺点。自己有善有优点才能要求别人有，自己没有那就不能要求别人，这就是“恕”，也就是推己及人。孔子说“其身正，不令而行；其身不正，虽令不从”，也可与这里所说的相互发明。唐代韩愈所言“古之君子，其责己也重以周，其待人也轻以约”，也强调的是对自己严格要求。

宋代卫湜引东莱吕氏曰：“有善于己然后可以责人之善，无恶于己然后可以非人之恶。恕谓推己及人也。不能推己及人，而但欲以言语晓谕人不可得也。闻诸先生曰：有诸己不必求诸人，以求诸人而无诸己则不可也。无诸己不必非诸人，以非诸人而有诸己则不可也。”（卫湜《礼记集说》卷一百五十二）下文三处引《诗》，从“宜其家人”到“宜兄宜弟”，再到“正是四国”，同样是论述齐家与治国的关系。朱熹说：“古人言必引《诗》，盖取其嗟叹咏歌优游厌饫有以感发人之善心，非徒取彼之文证此之义而已也。”（卫湜《礼记集说》卷一百五十二）

原文

所谓治国必先齐其家者，其家不可教而能教人者，无之。故君子不出家而成教于国。孝者，所以事君也；弟[1]者，所以事长也；慈者，所以使众也。《康诰》[2]曰：“如保赤子[3]。”心诚求之，虽不中[4]不远矣。未有学养子而后嫁者也。

译文

所谓想要治理好自己的国家必定要先管理好自己的家庭，是因为自己的家人都管教不好却能管教好别人，这是没有的事。所以君子不出家门就能完成对国家的教化。家庭中子女对父母的孝，可以用来事奉君主；对兄长敬重的悌，可以用来事奉尊长；父母对子女的慈，可以用来对待民众。《康诰》上说：“爱护百姓如同保护婴儿。”内心真诚地去追求，即使不能完全达到标准，也相差不远了。没有先学会养儿育女然后出嫁的。

注释

1 弟：通“悌”，敬爱兄长。

2《康诰》:《尚书·周书》篇名。

3 赤子：婴儿。

4 中（zhòng）：指达到标准。

原文

一家仁，一国兴仁；一家让，一国兴让；一人[1]贪戾，一国作乱：其机[2]如此。此谓一言偾[3]事，一人定国。尧、舜帅天下以仁，而民从之；桀、纣帅天下以暴，而民从之。其所令反其所好，而民不从。是故君子有诸己而后求诸人，无诸己而后非诸人。所藏乎身不恕[4]，而能喻诸人者，未之有也。故治国在齐其家。

译文

国君一家讲求仁爱，整个国家都会兴起仁爱之风；国君一家讲求礼让，整个国家都会兴起礼让之风；国君一人贪婪暴戾，整个国家都会兴起动乱：个人对国家影响的关键就是这样。这就叫做“一句话可以败坏大事，一个人可以安定国家”。尧、舜用仁爱做天下的表率，百姓也就跟着仁爱；桀、纣用贪暴做天下的表率，百姓也就跟着贪暴。如果政令与君主的喜好相反，老百姓是不会听从的。所以君子自己有了好的德行，然后才去要求别人；自己没有坏的习性，然后才去批评别人。自己没有忠恕之心，却能教导别人的，那是没有的事。所以说治理好自己的国家在于先管理好自己的家庭。

注释

1 一人：指国君。

2 机：关键。

3 偾（fèn）：覆败。

4 恕：推己及人。

原文

《诗》云："桃之夭夭，其叶蓁蓁。之子于归，宜其家人。"[1] 宜其家人，而后可以教国人。《诗》云："宜兄宜弟。"[2] 宜兄宜弟，而后可以教国人。《诗》云："其仪不忒，正是四国。"[3] 其为父子兄弟足法，而后民法之也。此谓治国在齐其家。

译文

《诗经》里说："桃花多美艳，桃叶多茂盛。这个女子嫁过来，必使全家都和顺。"能使家庭和顺，然后可以教育国人。《诗经》里说："兄弟和睦相处。"兄弟和睦相处，然后可以教育国人。《诗经》里说："他的仪容没有差错，可以教正四方各国。"自己作为父亲、作为儿子、作为哥哥或弟弟都足以为人效法，然后百姓都效法他。这就叫做治理好国家在于管理好自己的家庭。

注释

1 夭夭：草木茂盛的样子，比喻少女美好的样子。 蓁蓁（zhēn）：茂盛的样子。 之：指示代词，是，此。 子：古代也用来称女儿。 归：女子出嫁。 宜：适宜，好。《诗》见《周南·桃夭》。

2 《诗》见《小雅·蓼萧》。

3 忒（tè）：差错。《诗》见《曹风·鸤鸠》。

第十章

导读

这段文字是传文的第十章，解释“治国”和“平天下”。古代的所谓“国”，是诸侯的封地，也就是邦国，不是我们今天所说的国家。古代所说的天下，是指四海之内，不是指我们今天所说的全世界。

开头论述国君做到老老、长长和恤孤，在下的百姓就能兴起孝、悌、慈的风气。君子之德风，小人之德草，草上之风必偃。所谓老老，即以老为老，指尊敬老人，也就是孟子所说的“老吾老以及人之老”。所谓长长，即以长为长，指敬重长者。“絜”是用带子围着事物进行度量，是从圆的角度说；“矩”即规矩之矩，是一种直尺，是从方的角度说。絜矩意味着从方圆纵横都可以使用，所以下文讲到上下、前后、左右使用的方法就是絜矩之道。上下侧重从地位来说，前后侧重从事情来说，左右侧重从人来说，去恶就是“止于至善”。天下的根本在国，国的根本在家。上行下效，就能做到家齐而国治。宋代卫湜引范阳张氏曰：“修身齐家治国平天下，虽所由不同，其理则一而已。其一如何？审好恶而已矣。故修身之法无他，省吾所亲爱、贱恶、畏敬、哀矜、敖惰而已。”“治国之道无他，民之所好好之，民之所恶恶之。”“而平天下之道亦在于好恶之审。”（卫湜《礼记集说》卷一百五十二）孝、悌、慈对个人的内在要求属于“修身”，在家庭中的作用就是“齐家”，向外扩展就是“治国”。君子的絜矩之道，对人对己用同一标准，自己努力做到就是“忠”，推己及人就是“恕”。上下左右齐正，就能天下太平。

接着论述君与民的关系。人民认同的好君主，所谓民之父母，必定是与民好恶相同；否则，不仅失去民众，失去国家，也得不到天命的保护。宋代卫湜引莆阳林氏曰：“一人在上，使天下人心固结而不可解者，必有正道焉。盖四方万里之远，若非有以固结之则如何长有天下？故

《诗》以为民之父母者无他，唯与天下同其好恶而已。若是好恶与天下不相关，此之谓独夫尔。”（卫湜《礼记集说》卷一百五十二）引用《小雅·节南山》的诗句，是为了说明身居高位的人为百姓所瞻仰所仿效，不能不谨慎。所谓谨慎，就是修身，就是诚意，就是正心，就是要与民同好恶，就是要有德行，所以君子治理国家，要以德为本，否则就要像桀、纣一样受到天下诛戮。引用《大雅·文王》的诗句，是为了说明统治者的德行与国家得失的关系。道得众则得国，失众则失国，治国之道能得到民众的拥护就能享有国家。在上古时代，民众是能够自由流动的，可以从这个邦国到另一个邦国，《孟子·梁惠王上》记载梁惠王认为自己对国家已经非常尽心尽力，可是“邻国之民不加少，寡人之民不加多”，就是很好的证明。

接着从本末的角度论述道德与财富的关系。道德是本，财富是末。唐代孔颖达说：“此一经明治国之道在贵德贱财。有德之人人之所附从，有人则境土宽大，有土则生植万物，有财丰以此而有供国用也。德能致财，财由德有，故德为本，财为末也。”（《礼记注疏》卷六十）财富是一把双刃剑，对个人是如此，对家庭是如此，对国家也是如此。治理国家要以德为本，以财为末，为什么呢？假如财富不在道德原则指导下使用和分配，就必然导致争夺，孔子说“放于利而行多怨”，国家应该藏富于民，因为“百姓足，君孰与不足？百姓不足，君孰与足？”财的聚散与民的聚散正好相反。所谓“悖”，指违背事理，俗语说：“舌为利害本，口是祸福门。”也就是荀子所说的“言有召祸”。取财有道，用财有义。所谓道义，用今天的话来讲就是正当途径。比如做生意，不讲诚信赚来的钱财就是悖入，招致罚款或官司就是悖出。

接下来引用《康诰》《楚书》等文献中以善为宝、以仁亲为宝，说的仍然是以德为宝。宋代卫湜引严陵方氏曰：“惟善以为宝者，君也。仁亲以为宝者，子也。君能宝善则足以为贵于一国，子能宝亲则足以为贵于一家。虽其大小不同，所以为宝则一而已。”（卫湜《礼记集说》卷

一百五十三)

《秦誓》是秦穆公伐郑,不听蹇叔的劝谏,在殽为晋所败,还誓其群臣而作,旨在说明君臣当进贤黜恶,议论的中心仍然是好恶。仁者能爱人能恶人,朱熹说:"仁人者,私欲不萌,而天下之公在我,是以是非不谬,而举措得宜也。"(同上)忠信骄泰之所以为得失,朱熹认为:"忠信者尽己之心而不违于物,絜矩之本也。骄泰则恣己徇私以人从欲,不能与人同好恶矣。"(同上)在用人方面就要亲贤能,远小人。

最后一个自然段从创造财富的规律和如何使用财富展开论述,提出国家应该以义为利、不以利为利的重要观点,对于我们今天如何正确处理物质文明和精神文明的关系,仍然具有非常重要的指导意义。所谓"生财有大道",这个大道指的是以义为利。宋代卫湜引蓝田吕氏曰:"国无游民,则生之者众矣;朝无幸位,则食之者寡矣;不违农时,则为之者疾矣;量入为出,则用之者舒矣:此生财之道也。"引横渠张氏曰:"知用财而不知养财,天下所以穷。知养财而不知用财,天下所以不治。仁者能散以显己之仁,不仁者能聚以显己之富。"(同上)仁者与不仁者的区别之一,在于如何对待取财。以财发身,是指取财有道,用财合理,以德为本;以身发财,是指取材无道而悖入,用财失当,以财为本。孔子说为仁不富,即使不富但足以发其身,并且为人所尊敬,从而得到民众的拥护。宋代卫湜引范阳张氏曰:"《大学》,平天下之道也。其末皆论财利之说,何也?盖有德此有人,有人此有土,有土此有财,有财此有用,不讲所以用财之说,非失于侈汰,必堕于聚敛,故《大学》细极其理而以谓平天下者更当知所以用财之道也。"

唐代孔颖达总结这段文字说:"自此以下至终篇,覆明上文'平天下在治其国'之事。但欲平天下,先须治国,治国事多,天下理广,非一义可了,故广而明之。言欲平天下,先须修身,然后及物,自近至远,自内至外,故初明'絜矩之道',次明散财于人之事,次明用善人、远恶人。此皆治国、治天下之纲,故总而详说也。"

原文

所谓平天下在治其国者：上老老[1]而民兴孝，上长长[2]而民兴弟[3]，上恤孤而民不倍[4]，是以君子有絜矩之道[5]也。所恶于上，毋以使下；所恶于下，毋以事上；所恶于前，毋以先后；所恶于后，毋以从前；所恶于右，毋以交于左；所恶于左，毋以交于右。此之谓絜矩之道。

译文

所谓使天下太平在于先治理好自己国家：国君尊敬老人，国民就会兴起孝敬之风；国君尊重长辈，国民就会兴起敬长之风；国君体恤孤寡，国民就不会遗弃孤弱。所以君子有方法用统一标准衡量自己和他人。对上级感到厌恶的行为，就不再用来对待下级；对下级感到厌恶的行为，就不再用来对待上级；对前人感到厌恶的行为，就不再用来对待后人；对后人感到厌恶的行为，就不再用来对待前人；对自己右边的人感到厌恶的行为，就不再用来与我左边的人交往；对自己左边的人感到厌恶的行为，就不再用来与我右边的人交往。这就叫做用统一标准衡量自己和他人的方法。

注释

1 老老：以老为老，指尊敬老人。

2 长长：以长为长，指敬爱长者。

3 弟：通“悌”，敬爱兄长。

4 倍：通“背”。

5 絜（xié）矩之道：衡量的标准。絜，度量，衡量。矩，直尺。

原文

《诗》云：“乐只君子，民之父母。”[1]民之所好好之，

译文

《诗经》里说：“与民同乐的君子，他是民众的父母。”民众喜爱的他就喜爱，

民之所恶恶之，此之谓民之父母。《诗》云："节彼南山，维石岩岩。赫赫师尹，民具尔瞻。"[2]有国者不可以不慎，辟[3]则为天下僇[4]矣。

民众憎恶的他就憎恶，这就叫做民众的父母。《诗经》里说："巍峨的南山，山石多么高峻。显赫的太师尹氏，民众都在朝你观看。"拥有国家的人不可不谨慎，偏离正道就要受到天下的讨伐。

注释

1 只：语气词。《诗》见《小雅·南山有台》。

2 节：读为"截"，高耸的样子。 岩岩：山石高峻的样子。 赫赫：显赫的样子。 师尹：周朝太师尹氏。 具：通"俱"。《诗》见《小雅·节南山》。

3 辟：读为"僻"。

4 僇：通"戮"。

原文

《诗》云："殷之未丧师，克配上帝。仪监于殷，峻命不易。"[1]道得众则得国，失众则失国。是故君子先慎乎德。有德此有人，有人此有土，有土此有财，有财此有用。德者本也，财者末也。外本内末，争民施夺。是故财聚则民散，财散则民聚。是故言悖

译文

《诗经》里说："殷商尚未丧失民众的时候，道德还能与天帝相合。应该借鉴殷商灭亡的教训，知道获得天命的保佑不容易。"得到民众就能得到国家，失去民众就会失去国家。所以君子首先在德行方面要谨慎从事。有好的德行才有民众，有民众才有土地，有土地才有财富，有财富才有国家的用度。德行是本，财富是末。轻本重末，就会使民众争夺，教他们掠取财富。所以聚敛财富民众就会离散，发散财富民众就会聚集。所以违背情理的政令

而出者，亦悖而入；货[2]悖而入者，亦悖而出。

产生，就会有违背情理的事情发生；财富不合正道地取得，就会不合正道地流失。

注释

1 师：众。 克：能。 仪：《毛诗》作“宜”。 峻：大，《毛诗》作“骏”。《诗》见《大雅·文王》。

2 货：财物。

原文

《康诰》曰：“惟命不于常。”[1]道善则得之，不善则失之矣。《楚书》[2]曰：“楚国无以为宝，惟善以为宝。”舅犯[3]曰：“亡人无以为宝，仁亲以为宝。”

译文

《康诰》里说：“天命不会永远不变。”德行好的就能得到天命保护，德行坏的就会失去天命保护。《楚书》上说：“楚国没有什么东西可以当作宝贝，唯独把善行当作宝贝。”舅犯说：“流亡在外的人没有什么东西可以当作宝贝，唯独把仁爱当作宝贝。”

注释

1《康诰》：《尚书·周书》篇名。 惟命不于常：指天命不专保佑一家。

2《楚书》：大概指楚国的史书，今不存。

3 舅犯：春秋时晋文公重耳的舅舅，姓狐名偃，字子犯。

原文

《秦誓》曰：“若有一个臣，断断兮无他技，其心休休焉，其如有容

译文

《秦誓》里说：“假如有这样一位大臣，诚恳老实，没有其他技能，但他的心胸宽广，像有很大的容量。别人有什么技能，

焉。人之有技，若己有之，人之彦圣，其心好之，不啻若自其口出，实能容之，以能保我子孙黎民，尚亦有利哉！人之有技，媢疾以恶之，人之彦圣，而违之俾不通，实不能容，以不能保我子孙黎民，亦曰殆哉！”[1]唯仁人放流之，迸[2]诸四夷，不与同中国。此谓唯仁人为能爱人，能恶人。见贤而不能举，举而不能先，命[3]也；见不善而不能退，退而不能远，过也。好人之所恶，恶人之所好，是谓拂人之性，灾必逮夫身。

好像他也有了；别人有什么美德，他发自内心地喜爱，不只是从他口中说出。这种人确实要能容纳他，因为他能保护我们的子孙后代和黎民百姓，也要有利的啊！假如人有什么技能，就妒忌厌恶；别人有什么美德，就压制阻挠不让国君知情；这样的人实在不能容纳他，因为他不能保护我们的子孙后代和黎民百姓，而且有危险。”唯有仁爱的国君还要将这种人流放，把他驱逐到蛮夷之邦，不和他同处中国。这就叫做只有仁爱的人才能懂得该爱什么样的人，该恨什么样的人。发现贤能的人不能举荐，或者举荐了也不肯让他地位比自己高，这是怠慢；见到坏人不能把他斥退，或者斥退又不能驱逐到远方，这是过错。喜欢民众憎恶的，憎恶民众喜欢的，这叫违背人的本性，灾难一定会落到他的身上。

注释

1《秦誓》:《尚书》篇名。 断断兮：诚恳专一的样子。 休休焉：宽容的样子。 彦：美。 圣：指有道德。 不啻（chì）：不只。 媢（mào）疾：嫉妒。

2 迸：通“摒”，驱逐。

3 命：郑玄认为是“慢”字的声误。

原文

是故君子有大道，必忠信以得之，骄泰以失之。生财有大道，生之者众，食之者寡，为之者疾，用之者舒，则财恒足矣。仁者以财发身，不仁者以身发财。未有上好仁而下不好义者也，未有好义其事不终者也，未有府库财非其财者也。孟献子[1]曰："畜马乘[2]，不察于鸡豚；伐冰之家[3]，不畜牛羊；百乘之家[4]，不畜聚敛之臣。与其有聚敛之臣，宁有盗臣。"此谓国不以利为利，以义为利也。长国家而务财用者，必自小人矣。彼为善之，小人之使为国家，灾害并至。虽有善者，亦无如之何矣！此谓国不以利为利，以义为利也。

译文

所以君子有一条治国的大原则：忠信必定受到百姓的拥护，骄奢放纵必定失去百姓的支持。生产财富有重大规律。从事生产的人多，消费的人少，创造财富快速，消耗财富缓慢，那么财富就会永远充足了。仁爱的人利用财富发展自身，不仁的人利用自身捞取钱财。没有在上位的人爱好仁德而在下位的人不爱好道义的，没有爱好道义而不能取得成功的，也没有爱好道义的民众不把国家府库的财物当作自己的财物加以爱惜的。孟献子说："家中备有车马的士大夫之家，就不再计较养鸡养猪的小利；有资格采冰备用的卿大夫之家，是不会养牛羊来牟利的，有上百辆战车的诸侯之家，就不再豢养专门帮他聚敛财富的家臣。与其有这种聚敛财富的家臣，还不如有偷盗自家财物的家臣。"这就是说，国家不应该以财利为利益，而应该以道义为利益。统管国家却致力于聚敛财富，必定是出自小人的主意。如果国君认为他好，让这样的小人来治理国家，那么天灾人祸就会一齐到来。这时即使有贤能的人来接管，也无可奈何了。这就是说，国家不应该以财利为利益，而应该以道义为利益。

注释

1 孟献子：春秋时鲁国大夫仲孙蔑。

2 畜马乘：养了四匹马拉车。指士刚刚升为大夫。

3 伐冰之家：丧祭能用上冰的卿大夫以上的家庭。伐，采。

4 百乘（shèng）之家：指有收取赋税土地的卿大夫以上的家庭。

中庸

题 解

《中庸》这部书，原是《礼记》中的第三十一篇，宋代理学家单独抽出成书，朱熹作过《中庸辑略》，在此基础上又作了《中庸章句》，收在《四书章句集注》中。后来注《礼记》者，《大学》和《中庸》都采用朱熹的《章句》，所以略而不注，如元代陈澔的《礼记集说》以及清代李光坡的《礼记述注》；清代孙希旦的《礼记集解》和朱彬的《礼记训纂》也只录原文，不加注解。《中庸》的章节安排与《礼记》的分段有所不同。本书的分段依从《中庸章句》。

“中”的意思是不偏不倚，无过不及，宋代程颐认为是天下的正道；“庸”的意思是平常，也就是常理、常道，程颐认为是天下的定理。从文献记载来看，尧用“允执厥中”传授给舜，舜又传授给禹；仲虺说汤“建中于民”；孟子曰“汤执中”；文王演《易》以二五为中；武王访箕子，箕子陈《洪范》以皇极为中；《周礼》以五礼防民伪而教之中；等等。可见“中”是很古老的哲学概念。按笔者个人的理解说，所谓“中”，就是事物的最佳点，就是“0.618黄金分割点”；比如说，我们通常所说的抓住机遇，什么时候该怎样抓住机遇，这就是“中”；我们说把事情做到位，怎样才算到位，这个“位”也就是“中”。所谓“庸”，就是事物的规律，无论古今中外都必须遵守的共同准则；比如说学生以学习为主，这就是“庸”。所以，宋代卫湜引蓝田吕氏曰："圣人之德，中庸而已。中则过与不及皆非道，庸则父子兄弟夫妇君臣朋友之常道。"（卫湜《礼记集说》卷一百二十三）

朱熹认为此书是孔子的孙子子思因为离上古圣人久远而异端兴起，忧虑道学失传而作，他说："此篇乃孔门传授心法，子思恐其久而差也，故笔之于书，以授孟子。其书始言一理，中散为万事，末复合为一理。"（《四书章句集注》）宋代卫湜引蓝田吕氏曰："《中庸》之书，圣门学者尽心以知性，躬行以尽性，始卒不越乎此书。孔子传之曾子，曾子传之子思，子思述所授之言以著于篇。故此书之论皆圣人之绪言，入德之大要也。""《中庸》之书，学者所以进德之要，本末具备矣。"（卫湜《礼记集说》卷一百二十三）如果说古代大学教育的宗旨在修身和处善的话，那么，《中庸》一书的宗旨就是发现"至善"和遵守常道。《大学》和《中庸》，可谓珠联璧合，相得益彰。

第一章

导读

天生万物,各自秉承不同,因此本性也就不同,这种本性古人叫做天命。猿猴登高不惧,人则恐惧战栗,这就是本性不同。孟子说:“莫之为而为者,天也;莫之致而至者,命也。”从天也就是自然的角度来说叫做命,命就是命令的意思,天地生长万物各自不同,不可改变,这就是命;人天生有高矮、胖瘦的不同,这也是命。从人的角度来说命就是性。用程颐的话说,就是天所付为命,人所受为性。本性不同,发展的途径也就不同,符合本性发展的途径实际就是规律,因此古人叫做“道”。率性就是遵循天理,使人的思想、行动完全符合发展规律,要通过教育的帮助。

宋代卫湜引程颐说:“言天之自然者,谓之天道;言天之付与万物者,谓之天命。”引延平杨氏曰:“性,天命也。命,天理也。道则性命之理而已。”(卫湜《礼记集说》卷一百二十三)宋代钱时说:“天命者,天之与我之谓也。至善而无恶,至灵而不昧,所谓性也。顺乎此性,斯之谓道。无所不在,无所不通。本何假于修哉?惟夫昏于意念,汩于情欲,动于血气,蔽于物我,沦于习俗,而拂乱其所固有者焉,是故不可以不修也。”(《融堂四书管见》卷十三)意思是说人的本性本来是至善无恶、至灵不昧的,但由于受意念、情欲、血气、物我以及习俗等个人和社会外界的影响搅乱了,因此要通过修道来恢复本性。唐代孔颖达说:“明中庸之德,必修道而行。”

对天命与道的关系,朱熹作过具体的阐释,他说:“盖天命之性,仁义礼智而已。循其仁之性,则自父子之亲以至于仁民爱物皆道也。循其义之性,则自君臣之分以至于敬长尊贤亦道也。循其礼之性,则恭敬辞让之节文皆道也。循其智之性,则是非邪正之分别亦道也。盖所谓性者，无一理之不具。故所谓道者，不待外求而无所不备；所谓性者，无一物之不得。故所谓道者，不假人为而无所不周。”（《四书或问》卷三）发展既然有规律，就必须遵循，可以不遵循的，就不能成其为规律，因此说道是不可须臾离的，可离则非道，因此君子在不睹不闻之时都要戒惧。不睹不闻不仅指别人，更强调自己独处时的思想行为。如果在已睹已闻之时才戒惧就晚了，所以特别提出“慎独”。宋代卫湜引永嘉薛氏曰：“于所不见不闻之地有毫厘之差，则失性命之正；失性命之正，则去道远矣。”（卫湜《礼记集说》卷一百二十四）在隐微之时戒惧，是防止意念不正。人受意念、情欲、血气、物我以及习俗等个人和社会外界的影响，表现出来就是喜怒哀乐。喜怒哀乐容易发生偏差，因此提出中和的标准。喜怒哀乐为人的本性具有，未发之前叫做“中”，这个“中”字是在内心的意思，属于“天命”，属于性的范畴，所以说是“大本”。发而中节属于率性修道的范畴，所以称“和”为天下的“达道”。

“致中和”，指理解把握了事物的天命之性，又能遵行率性之道。做到了中和，天地自然就能正常运行，人也就是在帮助天地自然养育万物。宋代卫湜引蓝田吕氏曰：“致中和者，至诚尽性之谓。故与天地合德而通乎神明者，致中者也。察乎人伦，明乎庶物，体信以达顺者，致和者也。惟至诚为能尽其性，能尽其性则能尽人之性，能尽人之性则能尽物之性，能尽物之性则可以赞天地之化育，可以与天地参矣。”（卫湜《礼记集说》卷一百二十四）

清代陆陇其说：“此书专为‘中庸’二字发，开口却不即言中庸，乃就中庸内分别出性、道、教三项来，盖不明性、道、教，则不知中庸之源委，知性然后知中庸所自来，知道然后知中庸之所在，知教然后知中庸所自全。”“《中庸》一书乃是孔门传授心法，此章又是一篇之体要。”（《四书讲义困勉录》卷二）

原文

天命[1]之谓性[2]，率[3]性之谓道[4]，修[5]道之谓教。

译文

自然赋予人的禀赋叫做性，遵循本性发展的途径叫做道，修正调节发展途径叫做教。

注释

1 天命：指自然赋予人的秉性气质。

2 性：人的本性。

3 率：遵循。

4 道：道路。指顺着本性发展的途径，引申指规律。

5 修：治。指通过外在的教育对发展途径进行修正调节。

原文

道也者，不可须臾离也，可离非道也。是故君子戒慎乎其所不睹，恐惧乎其所不闻。莫见[1]乎隐[2]，莫显乎微[3]，故君子慎其独[4]也。

译文

道，是不能片刻离开的，可以离开就不是道了。所以君子在别人看不见的地方也警戒谨慎，在别人听不到的地方也惶恐畏惧。没有什么东西比在隐暗的地方更容易表现出来，没有什么东西比在细微的事情上更容易显露出来，所以君子在独处的时候特别谨慎。

注释

1 见：同“现”。

2 隐：暗处。

3 微：小事。

4 独：独处，也包括别人不知道而自己知道的念头。

原文

喜怒哀乐之未发，谓之中；发而皆中节，谓之和。中也者，天下之大本也；和也者，天下之达道也。[1]致[2]中和，天地位[3]焉，万物育焉。

译文

喜怒哀乐没有表现出来叫做中，表现出来符合节度叫做和。中是天下万事最主要的本源，和是一切事理通行的规律。达到了中和，天地的位置就摆正了，万物就能正常地发育生长了。

注释

1 “喜怒哀乐”至“天下之达道也”：喜、怒、哀、乐，指情感。其未发，就是性。无所偏倚，故谓之中。发皆中节，情之正端。无所乖戾，故谓之和。中，指没有表露于外的内心情感。中（zhòng）节，符合标准。和，和谐，适中。达，通。

2 致：达到。

3 位：处在正确的位置。

第二章

导读

按朱熹的解释，君子之所以能做到中庸，是因为不仅有君子之德，而且又能随时坚持中的标准。小人之所以违反中庸，是因为他们不仅有小人之心，而且言行又无所忌惮。中没有一定的具体标准，时时处处都存在，是平常的道理。君子知道这种道理在于我怎么去做，所以能在别人不睹不闻之时戒慎、恐惧，从而做到无时无处不符合中的标准。所谓“时中”，就是当行则行，当止则止，时时处处合于中庸之道。宋代卫湜引程颐说：“可以仕则仕，可以止则止，可以久则久，可以速则速，此皆时也，未尝不合中，故曰君子而时中。”引建安游氏曰：“君子之于中庸，自幼壮至于老死，自朝旦至于暮夜，所遇之时、所遭之事虽不同，其为中一也，故谓之时中，言行小变而不失其大常也。”（卫湜《礼记集说》卷一百二十五）小人不懂这种道理，就肆欲妄行并且无所忌惮。

中庸的道理，贯通自然与人事，无所不在。君子能知天命，能率性修道，所以能做到中庸。小人不知天命，不能率性修道，因此违反中庸，肆无忌惮。小人无忌惮与君子戒慎、恐惧正好相反。宋代卫湜引建安游氏曰：“小人则窃中庸之名而实背之，是中庸之贼也，故曰反中庸。”“小人之于中庸，则居之似忠信，行之似廉洁，而居之不疑，或诡激以盗名，进锐退速，此所谓无忌惮而反中庸者也。”（同上）当今有一句流行语，“没有文化不晓得害怕”，可以算是小人的写照。中庸实际上是言行事理的最佳点，可以算是黄金分割点。

原文

仲尼[1]曰：“君子中庸[2]，小人反中庸。君子

译文

孔子说：“君子的言行符合中庸之道，小人的言行违反中庸之道。君子能

之中庸也，君子而时中[3]；小人之中庸也[4]，小人而无忌惮[5]也。”

符合中庸之道，是因为时时处处坚持中庸的原则；小人违反中庸之道，是因为他们肆无忌惮。”

注释

1 仲尼：孔子，名丘，字仲尼。

2 中庸：中，指不偏不倚、无过不及。庸，平常。程颐说：“不偏之谓中，不易之谓庸。中者，天下之正道。庸者，天下之定理。”

3 时中：指时时处处符合中的标准。

4 小人之中庸也：朱熹说，王肃本作“小人之反中庸也”，程子亦以为然。今从之。

5 忌惮：顾忌，害怕。

第三章

导读

本章源于《论语·雍也》:“中庸之为德也,其至矣乎!民鲜久矣。”凡事都有一个最恰当的标准,太过或者不及,都不符合中庸的标准,因此孔子认为中庸是最高的、最完美的,感叹人们很难坚持。宋代卫湜引仁寿李氏曰:“理之极而不可加之谓至。”引建安游氏曰:“德至于中庸,则全之尽之,不可以有加矣,故曰‘其至矣乎’。”(卫湜《礼记集说》卷一百二十五)孔子生活的时代,礼崩乐坏,世风日下,所以感叹很少有人能做到中庸。“民鲜能久”,按郑玄的解释,意思是人很少能长久实行。宋代卫湜引蓝田吕氏曰:“人莫不能中庸,鲜能久而已。久则为贤人,不息则为圣人。”(同上)

原文

子曰:“中庸其至矣乎!民鲜[1]能久矣!”

译文

孔子说:“中庸大概是最高的道德标准吧!很久以来民众很少有人能做到了!”

注释

1 鲜(xiǎn):少。

第四章

导读

第二章讲到小人反中庸，第三章讲到民很少能做到中庸。在这一章里解释其原因：人由于禀赋不同，智力有智与愚之分，能力有贤与不肖之别，思想和行动有过与不及之弊。中庸之道不能显明，同智与愚不能正确理解有关；中庸之道不能实行，同贤与不肖不能正确行动有关。孔子的话是互文见义。后面用浅显的比喻说明中庸之道，本是常理，不切实体行，不能时中。朱熹解释说："道者，天理之当然，中而已矣。知、愚、贤、不肖之过不及，则生禀之异而失其中也。知者知之过，既以道为不足行；愚者不及知，又不知所以行：此道之所以常不行也。贤者行之过，既以道为不足知；不肖者不及行，又不求所以知，此道之所以常不明也。道不可离，人自不察，是以有过不及之弊。"(《四书章句集注》)又说："刻意尚行，惊世骇俗，能行君子之所不必行者，贤者之过乎中也。卑污苟贱，不能行君子之所当行者，不肖者之不及乎中也。"(《四书或问》卷三)

原文

子曰："道[1]之不行也，我知之矣：知者[2]过之，愚者不及也。道之不明也，我知之矣：贤者过之，不肖者不及也。人莫不饮食也，鲜[3]能知味也。"

译文

孔子说："中庸之道不能实行，我知道原因了：聪明的人做过了头，愚笨的人没有做到。中庸之道不能显明，我知道原因了：有才德的人理解过了头，无才德的人没有理解。就好比人没有不喝不吃的，但很少有人能品尝出真正的滋味。"

注释

1 道：指中庸之道。

2 知（zhì）者：聪明的人。知，同“智”。

3 鲜（xiǎn）：少。

第五章

导读

此章承上启下，总结从第二章以来小人反中庸、民鲜能中庸、贤智过中庸、愚不肖不及中庸，至此孔子推断出道其不行，为下文开启推行中庸之方。宋代卫湜引江陵项氏曰："此复自知言之。人谁不行，惟其不知，则不能以实行也。下引舜之大知，犹曰古之人有能知者大舜也。又曰'人皆曰予知'以下，此复自言行之。人谁不知，惟其不行，则不能以真知也。"（卫湜《礼记集说》卷一百二十五）孔子忧悯之深、解救之切跃然纸上。

原文

子曰："道[1]其[2]不行矣夫[3]！"

译文

孔子说："中庸之道大概不能推行了啊！"

注释

1 道：指中庸之道。

2 其：助词，表推测语气。

3 夫（fú）：句末语气词。

第六章

导读

孔子之所以赞美舜为大智，是因为舜不自用其智，又能不耻下问，察纳人言，隐恶扬善，思想行为符合中庸的标准。人的智慧，在于集中众人的智慧，又不师心自用，才能成为大智慧，舜做到了。唐代孔颖达说："舜能行中庸之行，先察近言而后至于中庸也。"宋代卫湜引长乐刘氏曰："夫知出乎性，凡人之所有，而舜则谓之大知者，以其非止于生知，而又聚天下之知以广其明，采天下之视以增其哲，揽天下之聪以滋其谋，故曰辟四门、明四目、达四聪也。是能兴天下之大利，弭天下之大害，立天下之大法，建天下之大中，此其所以为大也。"（卫湜《礼记集说》卷一百二十五）为什么要"隐恶而扬善"？宋代卫湜引仁寿李氏曰："未善者，不必显其失也，故隐之。善者，不可匿而不宣也，故扬之。"（同上）"两端"，郑玄解释为过与不及，孔颖达解释为愚智，这里从朱熹的说法，他说："两端，谓众论不同之极致。盖凡物皆有两端，如小大、厚薄之类。"（《四书章句集注》）清代李光地评价说："自用其智者，无躬行之实故也，智者过之是也。舜不自用其智，虚受善择，必实措之于事而后已焉，此以行而善其知者也。"（《中庸章段》）

原文

子曰："舜其大知[1]也与[2]！舜好问而好察迩言[3]，隐恶而扬善，执其两端[4]，用其中于民，其斯以为舜乎！"

译文

孔子说："舜大概算得上大智慧的人吧！舜喜欢请教别人，又善于审察身边人的言论，别人说得不对的他加以掩饰，别人说得对的他加以宣扬，掌握两种截然不同的对立意见，采取其中正确的意见运用到百姓之中，这大概是舜之所以能成为舜的原因吧！"

注释

1 知（zhì）：同“智”，智慧。

2 与（yú）：句末语气词。

3 迩（ěr）言：浅近的言论。

4 两端：指众人言论中针锋相对的意见。

第七章

导读

孔子认为，人们所说的聪明智慧，实际上根本算不上聪明智慧。从物质层面讲，罗网陷阱比喻利欲，人受利欲的驱使，陷入罗网陷阱之中，不能安贫乐道，不能算作智慧。从精神层面讲，极高明而道中庸，不能坚守中庸之道，也不能算作智慧。君子之智不同于小人之智，孔子说："君子喻于义，小人喻于利。"这也是智的区别。宋代卫湜引建安游氏曰："定内外之分，辩荣辱之境，见善如不及，见不善如探汤，则君子所谓知也。"（卫湜《礼记集说》卷一百二十五）清代李光地评价说："盖其曰予知者，皆不智者也。果智则不自纳于罟擭陷阱之中矣，果智则不至于择中而不能守矣。莫能明道，则贤者不肖者有终于过不及而已矣。"（《中庸章段》）

原文

子曰："人皆曰'予知[1]'，驱而纳诸罟[2]擭[3]陷阱之中，而莫之知辟[4]也。人皆曰'予知'，择乎中庸，而不能期月[5]守也。"

译文

孔子说："人人都说自己很聪明，可是被人赶到罗网陷阱中去，却不知道怎么躲避。人人都说自己很聪明，可是叫他选择中庸之道去做，连一个月也坚持不了。"

注释

1 知（zhì）：同"智"。

2 罟（gǔ）：网。

3 擭（huò）：捕兽用的木笼，设有机关。

4 辟：通"避"，躲避。

5 期（jī）月：一个整月。

第八章

导读

对于中庸，无非是知与行的问题。第四章讲到中庸之道不明、不行的原因，由于知者知之太过而不务行、贤者行之太过而不求知，所以至于中庸者很少；而颜回不仅知之，而且行之。“择”字说明知之明，“服膺”“弗失”说明守之固。朱熹评论说：捧持并放到心胸之间，说明能守。颜回是真懂得，所以才这样能择能守，这就是颜回行动没有过和不及，而道得以彰明的原因。(《四书章句集注》)宋代袁甫认为，善恶区别很大，选择容易，似善非善，选择最难，颜回能选择中庸为善，是不失性。他说：“惟明性者乃能择善。己性不明，虽满目皆中庸，安能择而守之？”“吾谓颜氏子之学，几于舜之大知矣，几于舜之执中矣。”(《蒙斋中庸讲义》卷二)宋代卫湜引吴兴沈氏曰：“由乎中庸者，圣人也。择乎中庸者，贤人也。叛乎中庸者，众人也。”(卫湜《礼记集说》卷一百二十六)

原文

子曰：“回[1]之为人也，择乎中庸，得一善，则拳拳[2]服膺[3]，而弗失之矣。”

译文

孔子说：“颜回的为人，选择了中庸之道，每得到一点正确的思想和道理，就牢牢地记在心里，忠诚地把握着而不让它失去。”

注释

1 回：颜回，字子渊，孔子弟子。

2 拳拳：诚恳的样子。郑玄解释为捧持的样子。

3 服膺（yīng）：记在心里。服，指放置。膺，胸。

第九章

导读

能公平地治理天下国家，只有智者能做到；辞掉官爵俸禄，只有仁者能做到；脚踏利刃，只有勇者能做到；这都是天下很难的事情，与中庸相比，做起来却不算难。中庸看起来容易，做起来却很难，难就难在难知，知而难行，行而难至。朱熹认为："三者亦知、仁、勇之事，天下之至难也，然不必其合于中庸，则质之近似者皆能以力为之。若中庸，则虽不必皆如三者之难，然非义精仁熟，而无一毫人欲之私者，不能及也。三者难而易，中庸易而难，此民之所以鲜能也。"(《四书章句集注》)第四章说智者、贤者过之，愚者、不肖者不及，与本章相照应。

原文

子曰："天下国家可均[1]也，爵禄可辞也，白刃可蹈[2]也，中庸不可能也。"

译文

孔子说："天下国家可以公平治理，官爵俸禄可以辞掉，闪光的利刃可以踩上去，中庸之道却不可能做好。"

注释

1 均：公平治理。

2 蹈：踩踏。

第十章

导读

子路好勇,所以问强。南北风气不同,气质殊异。南方人禀温厚之气以含忍为强,宽柔以教,能容人之所不能容;不报无道,能忍人之所不能忍,非有力量者不能,然而偏于柔不及于中。北方人禀严凝之气,以果敢为强,勇于用兵,死且不悔,然而偏于刚不及于中。唐代孔颖达说:“南方谓荆阳之南,其地多阳。阳气舒散,人情宽缓和柔。”“和柔为君子之道,故云君子居之。”“北方沙漠之地,其地多阴。阴气褊急,故人生刚猛,恒好斗争,故以甲铠为席,寝宿于中,至死不厌,非君子所处,而强梁者居之。然唯云南北不云东西者,郑冲云是必南北互举,盖与东西俗同。”(《礼记注疏》卷五十二)宋代卫湜引建安游氏曰:“所谓强者,非取其胜物也,自胜而已,故以南方之强为君子。”(卫湜《礼记集说》卷一百二十六)孔子列举两端说明都不能算真正的强,只有坚守中庸之道才能算真正的强。

孔子曾说:“暴虎冯(凭)河,死而无悔者,吾不与也。”强并不是指能战胜别人,而是指战胜自己。能征服天下的只能是英雄,能战胜自己的才是圣人。与人和睦相处却不随波逐流,就是孔子所说的“和而不同”,就是中庸;有道无道不改变节操,与孟子所说的“富贵不能淫、贫贱不能移、威武不能屈”意旨相同,也都是中庸。

原文

子路[1]问强。子曰:“南方之强与[2]?北方之强与?抑[3]而[4]强与?宽柔以教,不报[5]

译文

子路问孔子怎样才算得上是强。孔子说:“你问的是南方的强呢?是北方的强呢?还是你自己那样的强呢?教诲人们宽厚温和,不对不讲道义的人进行报无道，南方之强也，君子居之。衽金革[6]，死而不厌[7]，北方之强也，而强者居之。故君子和而不流，强哉矫[8]！中立而不倚[9]，强哉矫！国有道[10]，不变塞[11]焉，强哉矫！国无道，至死不变，强哉矫！”

复，这是南方人的强，君子坚守这种强。日夜与刀枪铠甲相伴，至死也不怨恨，这是北方人的强，强悍的人坚守这种强。所以君子与人和睦相处却不随波逐流，这才是真正的强啊！坚守中庸之道不偏不倚，这才是真正的强啊！国家治理清明的时候，不改变穷困时期的操守，这才是真正的强啊！国家治理昏乱的时候，至死也不改变平生的气节，这才是真正的强啊！”

注释

1 子路：姓仲名由，字子路，孔子弟子，为人好勇。

2 与（yú）：句末语气词。

3 抑：副词，表选择，可译为“还是”。

4 而：第二人称代词，你。

5 报：报复。

6 衽（rèn）金革：指日夜与刀枪铠甲相伴。衽（rèn），卧席。金，指兵器。革，指铠甲。

7 厌：指怨恨。

8 矫：强壮的样子。

9 倚：不偏不倚。

10 有道：指天下太平，政治清明。

11 不变塞：不改变困窘不通达时的操守。塞，不通。

第十一章

导读

素隐行怪，郑玄把“素”解释为“向来”的“向”，郑玄解释说：“言方乡辟害隐身而行诡谲，以作后世名也。”“身虽隐遁，而名欲彰也。”索隐，是求人所不必知；行怪，是行人所不必行。索隐是知之过，行怪是行之过，都不合乎中庸，因此孔子不为。半途而废，是为不及，因此孔子亦不为。宋代卫湜引广安游氏曰：“学中庸者，其病有二：一则急于人知，一则困而易悔。惟君子能依乎中庸，遁世不见知而不悔，此非圣者不能也。”（卫湜《礼记集说》卷一百二十六）朱熹评价说：“此知之过而不择乎善，行之过而不用其中，不当强而强者也，圣人岂为之哉！遵道而行，则能择乎善矣；半涂而废，则力之不足也。此其知虽足以及之，而行有不逮，当强而不强者也。”“索隐”的智慧，不是君子的智慧，不索隐属于智，“行怪”的行为，不是君子的仁，“半涂而废”，不是君子的勇，不行怪属于仁，不半途而废属于勇。智、仁、勇为三达德，孔子说只有圣人才能做到，实际上孔子做到了，这是孔子自谦。

原文

子曰：“素隐[1]行怪[2]，后世有述[3]焉，吾弗为之矣。君子遵道而行，半涂[4]而废，吾弗能已矣。君子依乎中庸，遁[5]世不见知而不悔，唯圣者能之。”

译文

孔子说：“探求隐僻的道理，做些怪异的事情，即使后代有人称述，我不愿意这样做。君子遵循正道而行，有人半途而废，我却不能停下来。君子依照中庸之道，即使避世隐居不被人了解也不后悔，只有圣人才能做到。”

注释

1 素隐：素，当从《汉书·艺文志》作“索”，求。索隐，指探求隐僻的道理。

2 行怪：做些怪异的事情。

3 述：记述，称述。

4 涂：通“途”。

5 遁：逃避。

第十二章

导读

道，今天所谓的普遍规律。道充满天地之间，至大无外，至小无内。《易经·系辞》里说易道百姓日用而不自知，君子的中庸之道也是小到贴近百姓生活，大到天地万物，无所不在。普通夫妇能知能行，是道的“费”；圣人尚且不能知不能行，是道的“隐”。宋代卫湜引横渠张氏曰：“君子之道费而隐。费，日用。隐，不知也。匹夫匹妇可以与知与行，是人所常用，故曰费。及其至也，虽圣人有所不知不能，是隐也。”引宣城奚氏曰：“语大天下莫能载者，言道之费也。语小天下莫能破者，言道之隐也。盖将自其费者而言之，则其用广，天下莫有能具载之者。自其隐者而言之，则其体微，天下莫能破之者。所以赞其费隐之盛也。”（卫湜《礼记集说》卷一百二十七）以夫妇、圣人为例，是从人的角度来论述道的广大；以鸢飞、鱼跃为例，是从物的角度来论述道的广大。普通夫妇能知能行，是论述道的常性（即“费”）。圣人所不能知、不能行，是论述道的微妙（即“隐”）。以“费”“隐”二字贯穿全章。

原文

君子之道费[1]而隐[2]。夫妇[3]之愚，可以与知焉；及其至也，虽圣人亦有所不知焉。夫妇之不肖，可以能行焉；及其至也，虽圣人亦有所不能焉。天地之大也，人犹有所憾。故君子语大，天下莫能载

译文

君子的中庸之道，用途广泛又微妙难察。普通男女虽然愚昧，也可以略知一二；但到深奥之处，即使圣人也有所不知。普通男女虽然无能，也可以做到一些；但做到最高程度，即使圣人也有所不能。天地如此之大，人们仍然感到还有缺憾。所以君子的道说到大处，天下没有什么东西能够容纳得下；说到小

焉；语小，天下莫能破焉。

《诗》云："鸢飞戾天，鱼跃于渊。"[4] 言其上下察也。君子之道，造端[5] 乎夫妇；及其至也，察乎天地。

处，天下没有什么东西能够剖析得开。

《诗经》上说："老鹰飞上九天，鱼儿跳在深渊。"比喻君子之道上下都能明察。君子之道，从匹夫匹妇开始；至于高深境界，明著于天地之间。

注释

1 费：指用途广泛。

2 隐：微妙。

3 夫妇：指普通男女。

4 鸢（yuān）：老鹰。 戾：至。《诗》见《大雅·旱麓》。

5 造端：发端，开始。

第十三章

导读

《中庸》首章就说“天命之谓性,率性之谓道”,万物都有性,因而万物都有道,所以说道不远离人。如果远离,就不能成其为道了。道若远离,实际上是人自我远离它。道本来就在身边,舍近求远,就不能成其为道了。以伐取斧柄为喻,斧柄的标准只要看看手中的斧柄就可以了,那么道的标准只要从人出发就可以了。中庸之道离人不远,只要自己去实行就是中庸了。文中特别提出“忠恕”二字,因为忠恕离中庸之道不远。从父子、君臣、兄弟、朋友四种人伦关系说明如何做到忠恕。“忠恕”二字,解释的角度多有不同,朱熹的解释“尽己之心之谓忠,推己及人为恕”最为恰当。宋代袁甫解释“忠恕”与朱熹略有不同,他说:“中心为忠,如心为恕。”(《蒙斋中庸讲义》卷二)所谓中心,就是自己内心的想法;所谓如心,就是如同他人的想法,即孔子所说的“己所不欲勿施于人”。“庸德之行”以下,孔子提出了具体做法,道不远离人,忠恕不远离道,人们只要从身边做起,从日常的言行做起,言行相顾,就是在实行中庸之道。

原文

子曰:“道不远人。人之为道而远人,不可以为道。《诗》云:‘伐柯伐柯,其则不远。’[1]执柯以伐柯,睨[2]而视之,犹以为远。故君子以人治人,改而止。忠恕[3]违道[4]不

译文

孔子说:“道并不是远离人的。人实行道却远离人,那就不可以作为道了。《诗经》上说:‘砍斧柄呀砍斧柄,斧柄的样式在眼前。’手拿着斧柄来砍斧柄,只要瞄一眼就能看到斧柄的样子,还以为离得很远。所以君子就用做人的道理来治理人,直到有过错的人改正了为止。忠恕的品德离中庸之道相差不远,施加在自己身上不愿意的

远，施诸己而不愿，亦勿施于人。君子之道四，丘未能一焉：所求乎子，以事父，未能也；所求乎臣，以事君，未能也；所求乎弟，以事兄，未能也；所求乎朋友，先施之，未能也。庸德[5]之行，庸言[6]之谨，有所不足，不敢不勉，有余不敢尽；言顾行，行顾言，君子胡不慥慥[7]尔！”

事情，也就不要施加在别人身上。君子的道有四个方面，我孔丘一个方面都还没有做到：要求儿子对自己做到的，要先对父亲做到，这一点我还没有做到；要求臣下对自己做到的，要先对君上做到，这一点我还没有做到；要求弟弟对自己做到的，要先对哥哥做到，这一点我还没有做到；要求朋友对自己做到的，要先对朋友做到，这一点我还没有做到。平常道德方面的实践，日常言论方面的谨慎，做得不够的地方，不敢不努力去弥补；做得比较多的地方，也不敢认为做得到位；言论顾及行动，行动顾及言论，君子怎么能不忠诚老实地去做呢？”

注释

1 柯：斧柄。 则：法则。《诗》见《豳风·伐柯》。

2 睨（nì）：斜视。

3 忠恕：尽己之心为忠，推己及人为恕。

4 违道：离道。违，距离。道，中庸之道。

5 庸德：平常的品德。

6 庸言：日常的言论。

7 慥（zào）慥：忠厚诚实的样子。

第十四章

导读

君子行道,与所处的地位和实行的途径相关。素富贵、素贫贱、素夷狄、素患难都是“素其位”的具体解释。宋代赵顺孙引陈氏曰:“素富贵行乎富贵,如舜之被袗衣鼓琴若固有之是也。素贫贱行乎贫贱,如舜之饭糗茹草若将终身是也。素夷狄行乎夷狄,如孔子欲居九夷曰‘君子居之,何陋之有’是也。素患难行乎患难,如孔子曰‘天之未丧斯文也,匡人其如予何’是也。盖君子无所往而不自得,惟为吾之所当为而已,此说素其位而行之意。”(《中庸纂疏》卷二)“素”当从安之若素取义。宋代卫湜引严陵方氏曰:“盖因其自然无所与杂之谓也。”引兼山郭氏曰:“素者,豫定乎内之谓也。豫定乎内,视万变皆吾素有也,又焉有陵下、援上、怨天、尤人之累乎?”(卫湜《礼记集说》卷一百二十八)“居易”是指以平和的心态去对待目前的处境,因而能做到“不愿乎外”。表现在行为上就是居于顺境不忘乎所以,居于逆境不怨天尤人。自己所想的所做的是“正己”,用射箭作比喻,说明行中庸之道在于自己。箭没有射中靶心是自己身子没有站正,而不是靶子歪了。宋代袁甫解释说:“无新故之谓素,居其所之谓位。”“中庸不以位高而亢,何陵之有?中庸不以位卑而屈,何援之有?惟正己而已矣。自成自道,无求于人。既无所求,奚怨奚尤?此正己之谓也。正则平易,不正则险。易者中庸,险者反中庸。故不明中庸性命者必不能居易,不能居易者必行险徼幸。徼幸者必不可常,不常而致败者必怨尤。”(《蒙斋中庸讲义》卷二)清代李光地说:“又以君子之行道明半涂者之非也。所行为涂,所居为位。位有顺逆,则涂有险易,故或因之而废者有矣。若是者,心移于外物故也。素位而行,无顺无逆,皆有以自得,故外物之至,天时人事,皆无所怨尤。然则涂有险易,而君子居之皆易也。且将遇险,而反身修德焉,何废之有哉?”(《中庸章段》)

原文

君子素[1]其位而行，不愿乎其外[2]。素富贵，行乎富贵；素贫贱，行乎贫贱；素夷狄，行乎夷狄；素患难，行乎患难。君子无入而不自得焉。在上位不陵[3]下，在下位不援[4]上，正己而不求于人，则无怨。上不怨天，下不尤人。故君子居易[5]以俟[6]命，小人行险以徼幸[7]。子曰：“射有似乎君子；失诸正鹄[8]，反求诸其身。”

译文

君子根据目前所处的地位行事，不羡慕本分以外的东西。目前处在富贵的地位，就做富贵者该做的事；目前处在贫贱的地位，就做贫贱者该做的事；目前处在夷狄的地位，就做夷狄该做的事；目前处在患难之中，就做患难中该做的事。君子不管处在什么样的境地，都能安然自得。身居上位，不欺凌下面的人；身居下位，不巴结上面的人。端正自己而不乞求于人，那就没有怨恨了。对上不怨恨上天，对下不责怪他人。所以君子安心处在目前的境地等待命运的安排，小人则冒险以求侥幸。孔子说：“君子之道就好像射箭，如果没有射中靶心，就要回过头来从自己身上找原因。”

注释

1 素：目前，现在。
2 不愿乎其外：指思不出其位。愿，羡慕。
3 陵：欺侮。
4 援：攀援，巴结。
5 易：指平安的境地。
6 俟：等待。
7 徼：求。 幸：侥幸，指不当得而得者。
8 正鹄（zhēng gǔ）：箭靶。正，靶心。朱熹注：“画布曰正，栖皮曰鹄，皆侯之中，射之的也。”

第十五章

导读

推行中庸之道，不必如上文所说的素隐行怪，只要从身边做起。所谓近处、低处，就是从自己做起，从处理妻子、兄弟的关系做起。比如孝道，处理好妻子兄弟之间的关系，家庭气氛和乐融洽，父母就心安了，做子女的能使父母心安，就是孝。旨在说明道并非不可知不可行。宋代卫湜引涑水司马氏曰："行远必自迩，自家以达国也。升高必自卑，由人以之天也。"引蓝田吕氏曰："不得乎亲，不可以为人；不顺乎亲，不可以为子：故君子之道，莫大乎孝；孝之本，莫大乎顺父母。"（卫湜《礼记集说》卷一百二十八）朱熹解释说："人能和于妻子，宜于兄弟如此，则父母其安乐之矣。子思引《诗》及此语，以明行远自迩、登高自卑之意。"第十二章说"君子之道，造端乎夫妇"，这里就从家庭中与妻子的关系说起。

原文

君子之道，辟[1]如行远必自迩[2]，辟如登高必自卑。《诗》曰："妻子好合，如鼓瑟琴。兄弟既翕，和乐且耽。宜尔室家，乐尔妻帑。"[3]子曰："父母其顺矣乎。"

译文

君子的中庸之道，好比行远路一定要从近处开始，好比登高一定要从低处开始。《诗经》里说："与妻子相亲相爱，如同琴瑟和谐。兄弟和睦相处，和乐气氛浓厚。使家庭幸福安宁，使妻儿快乐高兴。"孔子说："这样父母大概顺心了吧。"

注释

1 辟：通"譬"。

2 迩（ěr）：近。

3 鼓瑟琴：声音相和，指和谐。翕（xī）：合。耽：快乐，《毛诗》作“湛”。帑（nú）：通“孥”，妻子儿女。《诗》见《小雅·常棣》。

第十六章

导读

人秉阴阳二气而生，人死体魄下降为鬼，气发扬于上为神。鬼神的说法很多，朱熹说，鬼是阴的灵气，神是阳的灵气。他又说："阳魂为神，阴魄为鬼。是以其在人也，阴阳合则魄凝魂聚而有生，阴阳判则魂升为神，魄降为鬼。"（《四书或问》）宋代卫湜引海陵胡氏曰："鬼神以形言之则天地，以气言之则阴阳，以主宰言之则鬼神。"引横渠张氏曰："鬼神，往来屈伸之义。故天曰神，地曰祇，人曰鬼。"引程颐曰："夫天专言之则道也，分而言之，则以形体谓之天，以主宰谓之帝，以功用谓之鬼神。"（卫湜《礼记集说》卷一百二十八）元代景星说："齐明是内敬，盛服是外敬，言能使天下之人内外畏敬奉承而发见昭著如此。""微指不可见闻者，所谓隐也。显指体物而不可遗，而理之昭著者，所谓费也。"（《中庸集说启蒙》卷上）

这段文章可以理解为用鬼神暗喻道，鬼神无处不在，犹如道无处不在。鬼神视之不见，听之不闻，在万物上都能体现，不可测度。道的隐微也是如此，圣人也不可知，然而人不能因为不可知而不遵行，所以要诚心，要慎独。道显著则百姓日用，如同鬼神的不可掩藏。唐代孔颖达总结说："此节明鬼神之道，无形而能显著诚信。中庸之道与鬼神之道相似，亦从微至著，不言而自诚也。"（《礼记注疏》）

原文

子曰："鬼神之为德，其盛矣乎！视之而弗见，听之而弗闻，体物而不可遗。使天下之人齐明盛服[1]，以承祭

译文

孔子说："鬼神的功德，恐怕真是盛大啊！虽然看也看不见，听也听不到，但功德体现在万物上没有遗漏。使天下的人都斋戒沐浴，穿戴整齐地

祀。洋洋[2]乎如在其上，如在其左右。《诗》曰：'神之格思，不可度思，矧可射思！'[3]夫微之显，诚之不可掩如此夫！"

从事祭祀。神灵好像飘游在人们的头上，在人们的身旁。《诗经》里说：'神灵来到，不可预料，怎能厌倦呢？'微妙而又显明，真实而不可掩没，确实如此！"

注释

1 齐（zhāi）明盛服：指斋戒沐浴，穿戴整齐。齐，通"斋"，斋戒。明，指清洁。盛服，穿戴礼服礼帽。

2 洋洋：流动充满的样子。

3 格：到来。 度（duó）：揣测，预料。 思：语气词。 矧（shěn）：况。 射（yì）：厌怠，《毛诗》作"斁"。《诗》见《大雅·抑》。

第十七章

导读

舜出身的家庭并不好,父亲顽固粗暴而且没有爱心,母亲泼辣而且嚣张,所谓“父顽母嚚(yín,愚顽,暴虐)”;弟弟不务正业,游手好闲,自私多欲,父母偏爱弟弟,把舜赶出家门,弟弟甚至想害死他;但是舜能忍辱负重,尽自己的力量孝顺父母,友爱兄弟,后来得到尧的重视和培养,成为历史上贤明的圣君。舜称大孝,因为舜以天子之尊尊敬父母,以四海之养供养父母,子孙能在宗庙永远祭祀,正是父母所希望的。大孝即大德,大德之人秉受天命,因此地位、利禄、名声、寿命都能得到上天的保佑。宋代卫湜引蓝田吕氏曰:“舜之德大矣。故尊为天子,所谓必得其位;富有四海之内,所谓必得其禄;德为圣人,所谓必得其名;宗庙飨之,子孙保之,则福禄之盛享寿考而无疑也,所谓必得其寿。”引延平周氏曰:“传曰:‘父子之道,天性也。’舜之大孝,言天性也。有天性所以致天德,故曰德为圣人;有天德所以获天位,故曰尊为天子;有天位所以享天禄,故曰富有四海;有天位、有天禄则天祚之所以传,故曰宗庙飨之、子孙保之。”(卫湜《礼记集说》卷一百二十八)

舜本是匹夫却享有天下,是因为有大德受上天栽培的结果,因为“皇天无亲,惟德是辅”(《尚书·蔡仲之命》)。桀本是天子却沦为匹夫,是因为桀不仅没有大德而且有大恶受上天覆灭的结果。率性修道则上天保佑,不率性修道则上天遗弃。本章“大孝”一句是纲,以下五句是目,“德为圣人”一句又是以下四句的纲,“大德者必受命”作为全章的结语。

原文

子曰:“舜其大孝也与!德为圣人,尊为天

译文

孔子说:“舜可以算得上大孝了吧!论德行是圣人,论尊贵是天子,论财富拥子，富有四海之内，宗庙飨之，子孙保之[1]。故大德，必得其位，必得其禄，必得其名，必得其寿[2]。故天之生物，必因其材而笃[3]焉，故栽者培之，倾者覆之。《诗》曰：'嘉乐君子，宪宪令德。宜民宜人，受禄于天。保佑命之，自天申之。'[4]故大德者必受命[5]。"

有整个天下，宗庙里祭享他，子孙后代永远祭祀他。所以有大德的人必定得到他的高位，必定得到他的厚禄，必定得到他的美名，必定得到他的长寿。所以上天生育万物，必定依照各自不同的材质优厚对待，因而该栽培的就培育它，该倾倒的就覆灭它。《诗经》里说：'美好快乐的君子，显耀美好的德行。于民于官都适合，接受福禄来自天。不仅保佑又授命，重重赐福来自天。'所以说有大德的人必定能秉受天命。"

注释

1 子孙：据朱熹注，指虞思、陈胡公之属。 保：安。

2 必得其寿：据朱熹注，舜年寿一百一十岁。

3 笃：厚。

4 宪宪：当依《毛诗》作"显显"。 申：加重。《诗》见《大雅·假乐》。

5 受命：指接受天命为天子。

第十八章

导读

上章论舜为大孝，此章论文王无忧。文王与舜相比，同样是“尊为天子，富有四海之内，宗庙飨之，子孙保之”，位、禄、名、寿都相差无几，但有两个方面的不同，一是文王上有王季这样的贤者积累功德在前，又有武王这样的圣者继其功业于后，所谓“父作之，子述之”。上至先祖，下至儿子及后代，建立了一脉相承的基业。二是周朝建立了礼乐文明。文王的无忧，不是个人的无忧（文王曾经有过羑里之囚），而是家庭的无忧，国家的无忧。与之相比，舜则父顽母嚚，尧有不肖子丹朱，禹有父鲧不贤，汤无子立太甲，都不如文王家庭的完美，事业的成功，国家的兴旺。周朝文化建设，在中华文明史上有极其重要的意义。追祀先祖，建立丧制。这里仅仅论及服丧的礼制，因为丧礼是上下通行之礼，是团结人心、巩固家庭、维护国家的纽带，《礼记·曲礼上》说：“夫礼者，所以定亲疏、决嫌疑、别同异、明是非也。”“道德仁义，非礼不成；教训正俗，非礼不备；分争辩讼，非礼不决；君臣上下父子兄弟，非礼不定；宦学事师，非礼不亲；班朝治军，莅官行法，非礼威严不行；祷祠祭祀供给鬼神，非礼不诚不庄。”而丧礼对推行孝道有非常重要的作用。

原文

子曰：“无忧者，其惟文王[1]乎！以王季[2]为父，以武王[3]为子，父作[4]之，子述[5]之。

译文

孔子说：“没有忧愁的人，大概只有文王吧！有王季做父亲，有武王做儿子。父亲为他开创了基业，儿子又继承了他的事业。

注释

1 文王：姬昌，武王之父。

2 王季：季历，文王之父。

3 武王：姬发，文王之子，消灭商朝，建立周朝。

4 作：创始。

5 述：继承。

原文

“武王缵[1]大王[2]、王季、文王之绪[3]，壹戎衣[4]而有天下，身不失天下之显名；尊为天子，富有四海之内，宗庙飨之，子孙保之。

译文

“武王继承了太王、王季、文王的事业，一着戎装就战胜了殷纣而取得了天下，自己又没有丢掉天下的美名；论尊贵是天子，论财富拥有整个天下，宗庙里祭享他，子孙后代永远祭祀他。

注释

1 缵（zuǎn）：继承。

2 大王：即太王，王季之父，又称古公亶父。

3 绪：事业。

4 戎衣：战衣。

原文

“武王末[1]受命，周公[2]成文、武之德，追王大王、王季，上祀先公[3]以天子之礼。斯礼也，达乎诸侯大夫，及士、庶

译文

“武王晚年接受天命平定天下，到周公完成文王、武王的德业，追尊太王、王季为王，用天子之礼祭祀列祖列宗。将这种祭祀的礼节，推行到诸侯、大夫以及士和平民。如果父亲是大夫，儿子是士，

人。父为大夫，子为士，葬以大夫，祭以士。父为士，子为大夫，葬以士，祭以大夫。期之丧[4]，达乎大夫。三年之丧，达乎天子。父母之丧，无贵贱，一也。”

那么父亲去世，用大夫的礼节安葬，用士的礼节祭祀；如果父亲是士，儿子是大夫，那么父亲去世，用士的礼节安葬，用大夫的礼节祭祀。一年的丧期，从平民通行到大夫为止。三年的丧期，从平民通行到天子。为父母服丧三年，不分贵贱都是一样的。”

注释

1 末：指老年，晚期。

2 周公：姬旦，文王之子，辅佐武王灭商。武王死后，成王年幼，周公代理执政。

3 先公：指太王以上的周朝祖先。

4 期之丧：一年的丧期，指旁系亲属的服丧。

第十九章

导读

“达孝”,是指武王、周公能完成文王事亲之孝,上达于祖。宋代卫湜引河东侯氏曰:“所谓达孝者,达诸人情,达诸天下,通万世而无弊,等天地而不穷,行夷貊而不窒者也。”(卫湜《礼记集说》卷一百二十九)第十七章称舜为“大孝”,侧重舜的德行而言;这里称武王、周公为“达孝”,侧重他们能继承前人的志向,能完成前人的事业,能够通行于天下而言。卫湜引马氏曰:“大则有不可继之意,而达则有可传之理也。以不可继,故曰德为圣人;以其可传,故曰善继人之志,善述人之事。”(同上)修祖庙、陈宗器、设裳衣、荐时食指善继文王事亲之志,序爵、序事、旅酬、燕毛者指善述文王事亲之事。如果说舜的大孝仅仅施于一家,那么武王、周公的孝则能通于天下,所以说是“达孝”。

本章关于“宗庙之礼”论述了六个“所以”,主要有三点,一是排列祖宗牌位的顺序,即序昭穆,如曾祖父为昭居左,则父为穆居右,子又为昭居左,孙为穆居右;二是分别人伦,所谓辨贵贱、辨贤、逮贱、序齿都是区分不同的人际关系;三是为了加强亲人之间的友爱即亲亲,起到维护家族团结、联系人心的作用。不仅论述了祭礼的内容,更论述了祭礼的目的和意义,把祭礼提到治国的高度。卫湜引蓝田吕氏曰:“天下之大经,亲亲、长长、贵贵、尊贤而已。人君之至恩,下下而已。一祭之间,大经以正,至恩以宣,天下之事尽矣。郊社之礼,所以事上帝。宗庙之礼,所以祀乎其先。事上帝者,所以立天下之大本,道之所由出也。祀乎其先,所以正天下之大经,仁义之所由始也。”引建安游氏曰:“大孝,圣人之绝德也。达孝,天下之通道也。要其为人伦,则一也。”(同上)朱熹说:“承上章而言武王、周公之孝,乃天下之人通谓之孝,犹孟子之言达尊也。上章言武王缵大王、王季、文王之绪以有天下,而周公成文、武之德以追崇其

先祖，此继志述事之大者也。下文又以其所制祭祀之礼，通于上下者言之。”（《四书章句集注》）

原文

子曰：“武王、周公，其达[1]孝矣乎！夫孝者，善继人之志，善述人之事者也。春秋[2]修其祖庙[3]，陈其宗器[4]，设其裳衣[5]，荐其时食[6]。宗庙之礼，所以序昭穆[7]也。序爵[8]，所以辨贵贱也。序事[9]，所以辨贤也。旅酬[10]下为上，所以逮贱也。燕毛[11]，所以序齿[12]也。践其位，行其礼，奏其乐，敬其所尊，爱其所亲，事死如事生，事亡如事存，孝之至也。郊社之礼[13]，所以事上帝也。宗庙之礼，所以祀乎其先也。明乎郊社之礼、禘尝[14]之义，治国其如示诸掌乎！”

译文

孔子说：“武王、周公达到了最孝的程度吧！所谓孝，就是要善于继承先人的遗志，善于完成先人的事业。每逢四季祭祀的时节，整修祖庙，陈列祭器，摆上祖先的衣服，进献四季果品。宗庙的礼仪，是用来排列昭穆的次序的。祭祀中按爵位高低排列次序，是用来分别贵贱的。安排各种事务，是用来辨别才能的高低的。众人依次敬酒，从卑到尊，是为了把恩惠施加到地位低下的人身上。宴饮中按毛色决定座次，是用来排列年龄大小的。祭祀者登上各自的位置，行祭祀先人的礼仪，演奏规定的音乐，对尊者表示敬意，对亲人表示爱戴，侍奉死去的人就像生前一样，侍奉亡故的人就像在世一样，这是孝的最高表现。祭祀天地的礼仪，是用来敬奉天帝的。宗庙中的礼仪，是用来祭祀祖先的。懂得祭祀天地和四时祭祀祖先的意义，治理国家就像把手掌中的东西指给人看一样容易吧。”

注释

1 达：通。

2 春秋：代指四时祭祀的时节。

3 祖庙：天子七庙，诸侯五庙，大夫三庙，適士二庙，官师一庙。

4 宗器：祖先珍藏的贵重器物，像周代的赤刀、弘璧、天球、河图之类。

5 裳衣：先祖留下的衣服，祭祀时让尸（代死者受祭的人）来穿。

6 时食：祭祀用的四季食品，如春季摆设羔、豚、膳、膏、香之类。

7 昭穆：宗庙祖宗灵位的排列次序。按父子辈分分左右排列，左为昭，右为穆。

8 序爵：按爵位高低排列次序。

9 序事：安排祭祀礼仪中宗祝有司的各项职事。

10 旅酬：众人按从卑到尊的次序依次敬酒。

11 燕毛：指祭祀后宴饮，按年龄排座次。毛，毛发。

12 齿：指年龄。

13 郊社之礼：祭祀天地的礼仪。郊，冬至时在南郊祭天。社，夏至时在北郊祭地。

14 禘（dì）尝：天子、诸侯祭祀祖先的大典。禘，天子、诸侯夏季在宗庙举行的祭祀。尝，天子、诸侯秋季在宗庙举行的祭祀。

第二十章

导读

孔子推崇文王、武王的治国方略，是因为有文王、武王那样的贤人才能有那样美好的政治，更由于有文王、武王的心地，才能推行那样的政策。因为政策是靠人推行的，从而提出人存政举、人亡政息的重要论题。为政的关键在于人才，人才的标准在于修养，修养取决于按规律办事，也就是合乎中庸之道。要合乎中庸之道，要从仁做起。仁又是从亲爱自己的亲人做起。仁以亲亲为大，义以尊贤为大，仁义是有等级差别的。宋代卫湜引蓝田吕氏曰："亲亲之中，父子首足也，夫妻判合也，昆弟四体也，其情不能无杀也；尊贤之中，有师也，有友也，有事我者也，其待之不能无等也；因是等杀之别，节文所由生，礼之谓也。"（卫湜《礼记集说》卷一百三十）仁、义、礼的关系，仁就是人心，即本来存在的仁慈之心的表现，仁的表现形式就是义，这种形式要有节制要有文采，即所谓的"节文"，这就是礼，礼如何做到"节文"则要靠智慧得来。上文谈到文王无忧、武王达孝，已经充分说明他们做到了仁。他们又创造了礼乐文明，推及全国百姓，因此孔子把文王、武王的政治作为治国的楷模。接下来从修身、事亲、知人、知天的相互关系提出五条天下通行的准则，即君臣、父子、夫妇、兄弟、朋友，通过智、仁、勇三种通行的品德去实行。所谓"达道"，郑玄解释说："达者，常行，百王所不变也。"朱熹解释说："知之者之所知，行之者之所行，谓达道也。"（《四书章句集注》）对于如何知道、如何实践，因个人的资质的差别，时间有先后，但结果是相同的。孔子说过："生而知之者，上也；学而知之者，次也；困而学之，又其次也。"

第二节通过好学、力行、知耻论述如何做到知、仁、勇。朱熹对知、仁、勇从两个层面做了具体的阐述，他说："以其分而言：则所以知者，知也；所以行者，仁也；所以至于知之、成功而一者，勇也。以其等而言：则生知、安行者,知也;学知、利行者,仁也;困知、勉行者,勇也。”(《四书章句集注》)宋代卫湜引程颐曰:“大凡于道,择之则在乎知,守之则在乎仁,断之则在乎勇。人之于道,患在不能择,不能守,不能断。”(卫湜《礼记集说》卷一百三十)人具备知、仁、勇不是目的,目的是修身。修身的目的是治理民众,从而治理天下国家,与《大学》中提出的修身、齐家、治国、平天下同出一旨。

接下来具体阐述治理国家的九条通用的纲领,其中修身是根本,修身等于确立正确的方向。能修身,才能做到仁、义。“亲亲”是仁的外用,“尊贤”是义的外用。元代景星说:“敬大臣、体群臣、怀诸侯,自尊贤上来,子庶民、来百工、柔远人自亲亲上来,亲亲,尊贤之本,又从修身上来;故以修身为九经之本。经者,其道有常而不可易。故曰常,即所谓庸也。”(《中庸集说启蒙》卷下)敬大臣、体群臣、子庶民、来百工、柔远人、怀诸侯,是把仁、义具体运用于国家治理中。朱熹引吕氏曰:“天下国家之本在身,故修身为九经之本。然必亲师取友,然后修身之道进,故尊贤次之。道之所进,莫先其家,故亲亲次之。由家以及朝廷,故敬大臣、体群臣次之。由朝廷以及其国,故子庶民、来百工次之。由其国以及天下,故柔远人、怀诸侯次之。此九经之序也。”(《四书章句集注》)“修身则道立”以下,分别论述九经的目的和功用,九个“则”字就是从功效上说的。

接着用九个“所以”句式分别论述九经的具体实现途径和方法。孔子说:“道之以德,齐之以礼,民有耻且格。”这里说“齐明盛服,非礼不动,所以修身也”,可见修身是以德为内在的基础,以礼为外部的规范。元代景星说:“齐是齐其思虑,明是明洁其心。齐明以一其内,盛服以肃其外,是内外交养。‘齐明盛服’是静而未接事之时,‘非礼不动’是动而已接事之时,是动静交养如此,所以为修身之要。此二句正是存养省察工夫,即首章戒惧慎独之事,《论语》四‘勿’,此止言‘不动’,‘动’之一字总一身而言,视听言皆在其中。”(《中庸集说启蒙》卷下)鼓励贤人,要去谗色之害,轻财而重德。对诸父兄弟,提高他们的禄位,与他们同好恶,就不会产生怨恨,鼓励他们相互亲爱。对大臣提供足够的下属给他们使用,不让他们事事躬亲,使他们发挥更大的作用。对待士人要诚恳讲信用,给他们优厚的待遇。对百工供应要充足,让他们有活可干,并定期检查。对远方客人,要热情迎送,重在嘉奖和同情救济,安抚他们。对邦国没有后嗣的要帮助他们立后,以起到联盟和安定作用。对灭亡的邦国,要帮助他们兴复,同样起到联盟和安定作用。对前来朝觐的诸侯,要重礼轻财,投桃报李,继承友好关系。九个方面,政治、经济、历史、文化、外交都涉及了,是国家长治久安的方略。

接下来论述保证实行九经的核心,"所以行之者一也"的"一",郑玄认为指"当豫";朱熹解释为"诚",他说:"一者,诚也。一有不诚,则是九者皆为虚文矣,此九经之实也。"(《四书章句集注》)"凡事",指达道、达德、九经之类。诚能立则事能立,事能立则事可行。从文中所论诚与信来看,朱熹的说法有据。所谓"豫"就是"明善",就是"知止"。凡事能做到"豫"做到"前定",是由于能先做到"诚"。诚是修养的功夫,不是一朝一夕得来,是戒惧慎独所致。能做到"豫"做到"前定"是智慧之致。元代景星说:"言素有诚则临时不致颠踬,事素有诚则临事无所困屈,行素有诚则所行皆无疚病,虽处夷狄患难亦无不自得。道则通包上三句,素有诚则应物必当千变万化出而无穷。"(《中庸集说启蒙》卷下)从内心说是"诚",表现在外则是"信"。接着论述如何做到"信",下级要取信于上级,在于取信于朋友,取信于朋友在于顺亲,顺亲在于身诚,身诚在于明善;人要做到"诚",在于择善而坚守它。因此宋代卫湜引程颐说:"明善在明,守善在诚。"(卫湜《礼记集说》卷一百三十二)行文层层递进,照应"中庸"的开头——"天命之谓性,率性之谓道,修道之谓教"。文章总结说:"诚者,天之道也;诚之者,人之道也。""诚"是属于"性""命"本质的东西,人们努力做到"诚"是属于"修道"获取的东西。按郑玄解释,"诚"是天性,"诚之"是通过学习获得"诚",也就是获得天性。朱熹说:"诚

者，真实无妄之谓，天理之本然也。诚之者，未能真实无妄，而欲其真实无妄之谓，人事之当然也。”（《四书章句集注》）

最后重点论述人怎样做到择善并坚守善道。博学、审问、慎思、明辨属于好学，即上文所说的“好学近乎知”，属于“知”的层面；笃行即上文所说的“力行”，属于“仁”的层面；“弗措”“人一能之己百之，人十能之己千之”这种困知、勉行的态度和精神属于“勇”的层面。“一能之”“十能之”即上文所说的“学而知之”；“百之”“千之”即上文所说的“困而知之”。就其结果而言，“明”在于择善，是“格物致知”的结果；“强”在于“固执”，是“勇”的表现，是“力行”的结果。关于博学、审问、慎思、明辨、笃行的次序，朱熹说：“学之博，然后有以备事物之理，故能参伍之以得所疑而有问；问之审，然后有以尽师友之情，故能反复之以发其端而可思；思之谨，则精而不杂，故能有所自得而可以施其辨；辨之明，则断而不差，故能无所疑惑而可以见于行；行之笃，则凡所学问思辨而得之者，又皆必践其实而不为空言矣：此五者之序也。”（《四书或问》卷四）元代景星说：“《中庸》一书至此方说出学者下手处，大要三达德为入道之门，而诚为之本，学问五者乃诚之之目，所以诚之者惟欲尽五达道尔。知之实，行之实，勉之实，则达德之实体立，而达道之实用行矣。”（《中庸集说启蒙》卷下）

原文	译文
哀公[1]问政。子曰：“文武之政，布在方策[2]。其人存，则其政举；其人亡，则其政息[3]。人道敏[4]政，地道敏树。夫政也者，蒲	鲁哀公向孔子请教治理国家的方法。孔子说：“周文王、周武王治理的方略，都明白地记载在典册之中。有这样的贤人在世，这些治理方略就能得到施行；没有这样的贤人，这些治理方略也就被废弃了。人的治理通过政策快速取得成效，地的耕种通过种植快速取

卢[5]也。故为政在人，取人以身，修身以道，修道以仁。仁者，人也，亲亲为大；义者，宜也，尊贤为大。亲亲之杀[6]，尊贤之等，礼所生也。在下位不获乎上，民不可得而治矣。[7]故君子不可以不修身；思修身，不可以不事亲；思事亲，不可以不知人；思知人，不可以不知天。”

得收获。政策的推行就像种蒲苇快速生长一样。所以治理国家在于得到人才，选取人才取决于自身的素质，提高自身的素质要靠道德，加强道德修养要以仁为根本。所谓仁，就是指爱人，爱人以亲近自己的亲人最重要；所谓义，就是指适宜，适宜以尊重贤人最重要。亲近亲人有亲疏的区别，尊重贤人有贵贱的等差，礼也就由此产生了。身居下位的大臣不能得到君上的信任，民众就不可能治理好。所以君子不能不加强自身修养。想要加强自身修养不能不事奉双亲，想要事奉双亲不能不懂得做人之道，想要懂得做人之道不能不知道自然的法则。”

注释

1 哀公：春秋时鲁国国君，名蒋，“哀”是谥号。
2 方策：指文献。方，木版。策，竹简。
3 息：灭。
4 敏：迅速。
5 蒲卢：蒲苇，生长快速。比喻为政得人成效快速。
6 杀（shài）：降等。
7 在下位不获乎上，民不可得而治矣：与下文重复，当为衍文。

原文

天下之达道[1]五，所以行之者三，曰：君臣

译文

天下通行的准则有五条，用来履行这五条准则的品德有三种，即君臣关系、父子

也，父子也，夫妇也，昆弟[2]也，朋友之交也，五者天下之达道也。

知、仁、勇，三者天下之达德[3]也，所以行之者一也。或生而知之，或学而知之，或困而知之，及其知之，一也。或安而行之，或利而行之，或勉强而行之，及其成功，一也。

子曰："好学近乎知，力行近乎仁，知耻近乎勇。知斯三者，则知所以修身；知所以修身，则知所以治人；知所以治人，则知所以治天下国家矣。"

关系、夫妻关系、兄弟关系、朋友交往关系，这五条是天下通行的准则。

智、仁、勇，这三种是天下通行的品德，用来推行五条准则，这三种品德的作用是一致的。对于五条准则，有的人生来就知道，有的人通过学习才知道，有的人经历了困苦以后才知道，等到他们都知道了，也就是一样的了。对于用三种品德去推行五条准则，有的人是心安理得地去实行，有的人为了功利才去实行，有的人是迫不得已才勉强去实行，但等到他们都成功之后，也就是一样的了。

孔子说："爱好学习就接近于智了，努力实践就接近于仁了，知道羞耻就接近于勇了。知道这三点，就知道怎样修养自身了；知道怎样修身，就知道怎样管理百姓了；知道怎样管理百姓，就知道怎样治理天下国家了。"

注释

1 达道：通行的道理。

2 昆弟：兄弟。

3 达德：通行的品德。

原文

凡为天下国家有九经[1]，曰：修身也，尊贤也，亲亲也，敬大臣也，体[2]群臣也，子庶民也，来百工[3]也，柔远人[4]也，怀[5]诸侯也。

译文

总的来说，治理天下国家有九条通用的纲领，就是修养自身，尊重贤人，亲爱亲人，敬重大臣，体恤群臣，爱护民众，招徕百工，怀柔四夷，安抚诸侯。

注释

1 经：原则，大纲。
2 体：体察，体恤。
3 来百工：招徕百工。来，招徕。百工，各种工匠。
4 柔远人：怀柔四夷。柔，怀柔，招抚。远人，指远方外族之人。元代景星认为："远人非四夷，如商贾宾旅远来者也。若谓四夷，不应在诸侯之上。"（《中庸集说启蒙》卷下）
5 怀：安抚。

原文

修身则道立，尊贤则不惑，亲亲则诸父昆弟不怨，敬大臣则不眩[1]，体群臣则士之报礼重，子庶民则百姓劝[2]，来百工则财用足，柔远人则四方归之，怀诸侯则天下畏之。

译文

修养自身，道德就能树立；尊重贤人，遇事就不会迷惑；亲爱亲人，叔伯兄弟就不会怨恨；敬重大臣，遇事就不会迷惑；体恤群臣，士臣就会用重礼回报；爱护民众，百姓就会相互勉励；招徕百工，就会使财用充足；怀柔四夷，就会使四方归顺；安抚诸侯，就会使天下畏服。

注释

1 眩：眼花，指迷惑。

2 劝：鼓励，这里指受鼓励。

原文

齐明盛服[1]，非礼不动，所以修身也；去谗远色，贱货而贵德，所以劝贤也；尊其位，重其禄，同其好恶，所以劝亲亲也；官盛任使[2]，所以劝大臣也；忠信重禄，所以劝士也；时使[3]薄敛，所以劝百姓也；日省[4]月试，既禀[5]称事，所以劝百工也；送往迎来，嘉善而矜[6]不能，所以柔远人也；继绝世[7]，举废国，治乱持危，朝聘以时，厚往而薄来，所以怀诸侯也。

译文

斋戒沐浴，穿戴整齐，不合于礼的事情不做，这是用来修养自身的方法。摒除谗言，远离女色，轻视财物，看重道德，这是用来鼓励贤人的方法。提高地位，增加俸禄，与他们的爱憎相同，这是用来鼓励人们亲爱自己亲人的方法。下属官员众多，足够任用驱使，这是用来鼓励大臣的方法。以忠信相待，加重俸禄，这是用来鼓励士的方法。适时役使，减轻赋税，这是用来鼓励百姓的方法。每天检查，逐月考核，供给的粮食物品与工作相称，这是用来鼓励百工的方法。来时迎接，走时欢送，嘉奖良善，抚恤无能，这是用来怀柔远方之人的方法。延续绝嗣的诸侯，复兴灭亡的国家，帮助治理混乱，帮助解决危难，按时接受朝聘，回赠礼品丰厚，接受礼品轻少，这是用来安抚诸侯的方法。

注释

1 齐明盛服：参见第十六章注。元代景星说：“齐是齐其思虑，明是明洁其心。齐明以一其内，盛服以肃其外，是内外交养。”（《中庸集说启蒙》卷下）可备一说。

2 官盛任使：指下属官员众多任凭使用。

3 时使：适时使用。

4 省：指考察。

5 既禀（xì lǐn）：同“饩禀”。指官方供给的粮食及物资。

6 矜（jīn）：同情，怜悯。

7 绝世：指失去世袭爵禄的贵族。

原文

凡为天下国家有九经，所以行之者一也。

凡事豫[1]则立，不豫则废。言前定则不跲[2]，事前定则不困，行前定则不疚[3]，道前定则不穷。

译文

治理天下国家总共有九条通用的纲领，用来实现这些纲领的方法却是一样的。

凡事预先计划准备就能成功，没有计划准备就会失败。说话先做准备就不会出现窒碍，做事先做准备就不会陷入困境，行动先做准备就不会发生差错，前进方向预先确定就不会走投无路。

注释

1 豫：通“预”。

2 跲（jiá）：绊倒。

3 疚（jiù）：病，指差错。

原文

在下位不获乎上，民不可得而治矣；获乎上有道，不信乎朋友，不获乎上矣；信乎朋友有

译文

身居下位不能得到上级的信任，民众就不可能治理好。取得上级的信任有办法，首先要取得朋友的信任，不能取得朋友的信任，就不能取得上级的信任。取得朋友的信

道，不顺乎亲，不信乎朋友矣；顺乎亲有道，反诸身不诚，不顺乎亲矣；诚身有道，不明乎善，不诚乎身矣。

诚[1]者，天之道也；诚之[2]者，人之道也。诚者，不勉而中[3]，不思而得，从容中道[4]，圣人也。诚之者，择善而固执之者也。

博学之，审问之，慎思之，明辨之，笃行之。有弗学，学之弗能弗措[5]也；有弗问，问之弗知弗措也；有弗思，思之弗得弗措也；有弗辨，辨之弗明弗措也；有弗行，行之弗笃弗措也。人一能之己百之，人十能之己千之。果能此道矣，虽愚必明，虽柔必强。

任有办法，首先要孝顺父母，不能孝顺父母，就不能取得朋友的信任。孝顺父母有办法，首先要反省自己是不是真诚，如果自己不真诚，就不能孝顺父母。使自己真诚有办法，首先要明白什么是善，如果不明白什么是善，就不能使自己真诚。

真诚，是自然的准则；做到真诚，是做人的准则。真诚的人，不必努力就能做到中正合理，不必思考就能找到最佳的方法，从从容容地符合自然规律，这就是圣人。做到真诚，就是找到正确的道理牢牢抓住不放。

广博地学习，详细地求教，慎重地思考，明晰地辨别，切实地实行。除非不学，学了没有学会就决不罢休；除非不问，问了没有弄懂就决不罢休；除非不思考，思考了没有找到答案就决不罢休；除非不去辨别，辨别没有辨别清楚就决不罢休；除非不做，做了但做得不彻底就决不罢休。别人一次能做到的，自己就是做一百次也要做到；别人做十次能做到的，自己就是做一千次也要做到。如果真能这样去做，即使愚笨也必定变得聪明，即使柔弱也必定变得刚强。”

注释

1 诚：真诚。朱熹注曰：“诚者，真实无妄之谓，天理之本然也。”

2 诚之者：朱熹注曰："诚之者，未能真实无妄，而欲其真实无妄之谓，人事之当然也。"

3 不勉而中（zhōng）：不必努力就能做到中正合理。勉，勉力、勉强。中，中正合理。

4 从容中（zhòng）道：从容地符合自然规律。中，符合。

5 弗措：不罢休。措，放下。

第二十一章

导读

“自诚明”即上文所说的“诚者”,即天之性。能做到“自诚明”,郑玄认为是圣人。“自明诚”即上文所说的“诚之者”,即人之性。能做到“自明诚”,郑玄认为是贤人。或者出自天性,或者出自后学而能,功用相通。朱熹说:“德无不实而明无不照者,圣人之德,所性而有者也,天道也。先明乎善,而后能实其善者,贤人之学,由教而入者也,人道也。诚则无不明矣,明则可以至于诚矣。”(《四书章句集注》)宋代卫湜引蓝田吕氏曰:“自诚明,性之者也。自明诚,反之者也。性之者,自成德而言,圣人之所性也。反之者,自志学而言。圣人之教也。”引建安游氏曰:“自诚明,由中出也,故可名于性。自明诚,自外入也,故可名于教。诚者因性,故无不明。明者致曲,故能有诚。”(卫湜《礼记集说》卷一百三十二)元代景星说:“二‘明’字不同。诚明,明自诚中出,则明在诚之内;言圣人有真实之德,照烛万理,自然而明,故谓之性,此性之之性。明诚,则诚由明而至,则明在诚之外;言学者由明善而至乎诚,故谓之教,此学而知也。”(《中庸集说启蒙》卷下)

原文

自[1]诚明,谓之性;自明诚,谓之教。诚则明矣,明则诚矣。

译文

由内心真诚达到明白事理,叫做先天的本性;由明白事理达到内心真诚,叫做后天的教化。秉性真诚就能明白事理,明白事理也会变得真诚。

注释

1 自:由,从。

第二十二章

导读

古人认为，人是天地之心。《尚书》中说："天聪明，自我民聪明。"按朱熹的解释，天下至诚，是圣人实在的德性。所谓能尽之，是指知之无不明而处之无不当。宋代卫湜引涑水司马氏说，性指仁义礼智之性，圣人以至诚充之，尽性然后修道然后教人，使人能尽仁义礼智之性。宋代袁甫说："本有此性，则本有此诚，非自外来也。不杂人伪，顺乎天则，斯其为尽性而已矣。有毫发之未纯，不足以言诚；有毫发之未明，不足以言诚。所贵乎圣人者，全之诚之而无少亏欠者也。"（《蒙斋中庸讲义》卷三）元代景星认为，这是有德有位圣人的事，上章自诚而明的事。（《中庸集说启蒙》卷下）清代李光地说："性者，天地所赋于我与民物共之者也。举斯心而加诸彼，可使人皆得所焉，是所以尽人之性者在是也。"（《中庸章段》）赞天地之化育，指与天地同功，所以可以并列为三。《易·文言》中所说的"先天而天弗违，后天而奉天时"，意思是先天的本性与天地自然不违背，后天的作为与天地自然规律相合，这正是圣人的行为。

原文

唯天下至诚，为能尽其性[1]；能尽其性，则能尽人之性；能尽人之性，则能尽物之性；能尽物之性，则可以赞[2]天地之化育[3]；可以赞天地之化育，则可以与天地参[4]矣。

译文

只有天下最真诚的人，才能充分发挥天赋的本性；只有充分发挥天赋的本性，才能充分发挥自己的本性；只有充分发挥自己的本性，才能充分发挥他人的本性；只有充分发挥他人的本性，才能充分发挥万物的本性；只有充分发挥万物的本性，才可以帮助天地化育万物；可以帮助天地化育万物，就可以与天地同功并列为三了。

注释

1 尽其性：充分发挥天赋的本性。

2 赞：帮助。

3 化育：生化养育。

4 参：通“三”。

第二十三章

导读

唐代孔颖达认为上章是明天性至诚是圣人之道，此章是明贤人习学而致至诚。朱熹认为“其次”是指“大贤以下凡诚有未至者而言”。上章讲的是与天地参，是把至诚用于大的方面；那么这一章是讲把至诚用于事物的某个方面，用于小的方面，把“其次”理解为泛指也未尝不可。郑玄解释“曲”相当于小小之事，并解释“著”为“形之大者”，“明”为“著之显者”。程颐认为其次致曲指的是学而后知之，及其成功与生而知之者没有不同。(朱熹《中庸辑略》)宋代卫湜引延平杨氏曰：“能尽其性者，诚也。其次致曲者，诚之也。学问思辨而笃行之，致曲也。用志不分，故能有诚。诚于中，形于外，参前倚衡不可掩也，故形；形则有物，故著；著则辉光发于外，故明；明则诚矣。”引严陵喻氏曰：“至诚之理，自所性而达乎外者，直也；由学问以复乎内者，曲也。”(卫湜《礼记集说》卷一百三十三)清代李光地说：“此言诚之之事。曲者一隅之谓，致则孟子所谓扩充是也。曲能有诚，则亦至诚矣。”(《中庸章段》)

原文

其次致[1]曲[2]。曲能有诚，诚则形，形则著[3]，著则明，明则动，动则变，变则化。唯天下至诚为能化。

译文

其次是把真诚用于推究某个方面的事理。在事物的局部也能用真诚去对待，真诚就能表现出来，表现出来就会日益显著，日益显著就会更加光明，更加光明就会感动外物，感动外物就会引起外形变化，外形变化就会引起内在本质变化。只有天下最真诚的人能够引起事物内在本质的变化。

注释

1 致：推究。

2 曲：指某个方面。

3 著：显明。

第二十四章

导读

此章论述至诚与鬼神合德。第二十章讲到前定，与这一章前知遥相呼应，都是至诚的功效。祯祥是善，妖孽是恶，通过至诚可以预知。唐代孔颖达解释说此章言至诚可以预知前事，并对祯祥妖孽进行了解释：祯，是本来有的吉兆而出现，如国家本来有雀出现朱雀就是祯；祥是本来没有却出现的吉兆，如本来没有凤凰出现凤凰就是祥。妖，伤也，伤甚曰孽。《左传》云地反物为妖。《说文》云衣服歌谣草木之怪为妖，禽兽虫蝗之怪为孽。关于“四体”的解释，朱熹与郑玄的解释不同。郑玄认为四体指龟的四足，春占后左，夏占前左，秋占前右，冬占后右。朱熹认为指动作威仪之间，如执玉高卑，其容俯仰之类。这里依照朱熹的解释。宋代袁甫说：“合于诚者谓之善，善即祥也，即其所由兴之萌也。悖于诚者谓之不善，不善即妖也，即其所由亡之兆也。至诚如神，诚即神也。”（《蒙斋中庸讲义》卷三）元代景星认为：“上章言至诚可以参赞天地，极言圣人之功用；此章又举至诚与鬼神合德言之。前章是就应事处言，此章是就事未形之先言。”（《中庸集说启蒙》卷下）

原文

至诚之道，可以前知。国家将兴，必有祯祥[1]；国家将亡，必有妖孽[2]。见[3]乎蓍龟[4]，动乎四体。祸福将至，善，必先知

译文

掌握最高真诚的道理，可以预测未来。国家将要兴盛，必定有吉祥的征兆出现；国家将要灭亡，必定有妖异的事情出现。这些预兆，通过占筮用的蓍草和龟甲显示出来，通过人们的言行举止表现出来。祸福将要来到时，好事必定事先知道，坏事也必定事

之；不善，必先知之。故至诚如神。	先知道。所以说，最高的真诚像神灵一样能先知先觉。

注释

1 祯祥：吉祥的征兆。

2 妖孽：灾祸的萌芽。

3 见：同“现”，显现。

4 蓍（shī）龟：蓍，指占卦用的蓍草；龟，指占卜用的龟甲。

第二十五章

导读

朱熹认为，诚是从内心的角度来说的，是根本；道是从事理的角度来说的，是外部的运用。真诚是人完善自身的东西，而道是人完善自身必须遵循的规律和途径。仅仅自身的完善还不够，要在自身完善的基础上来完善万物，就像修身是为了齐家为了治国为了平天下。自我完善要靠仁，上文说的“力行近乎仁”，也就是说对普通人而言要努力去做。帮助他人完善要运用智慧。仁与智为人的本性所固有，在于通过学习、教育去开发。所谓外内之道，外指的是成物，内指的是成己。所谓成己，按宋代卫湜引海陵胡氏的说法，就是“学其所未能，行其所未至，思其所未得”。卫湜引高要谭氏曰：“夫诚之体为仁，诚之用为智，诚之实理可据曰德，诚之实理可知曰道。”（卫湜《礼记集说》卷一百三十三）程颐说：“诚者自成，如至诚事亲则成人子，至诚事君则成人臣。”（朱熹《中庸辑略》）清代李光地说：“诚者性分所固有，故曰自成。道者职分所当为，故曰自道。”又说：“此一节释至诚能尽性而尽人物之性之意，言尽性者尽道之本，故莫先于尽性，而性分原不遗于物，故能及物也。”（《中庸章段》）

原文

诚者自成也，而道自道也。诚者物之终始[1]，不诚无物。是故君子诚之为贵。诚者非自成己[2]而已也，所以成物也。成己，仁也；成物，知也。性

译文

真诚是由人自我完善的，道是由人自我遵循的。真诚是万物的根本，没有真诚就没有万物。所以君子以达到真诚为贵。真诚并非自我完善而已，还要用来完善万物。自我完善叫做仁，完善万物叫做智。仁和智是本性固有的品

之德也，合外内之道也，故时措[3]之宜也。	德，是成物、成己规律的结合，所以随时应用都很适宜。

注释

1 终始：指根本。

2 成己：使自己成功。

3 时措：适时运用。

第二十六章

导读

此章论述至诚无息的功用。因为无息才能久远，才能光明广大，才能广博深厚，才能与天地相配，正如《易·文言》所言“夫大人者，与天地合其德，与日月合其明，与四时合其序，与鬼神合其吉凶”。天地因为无息，所以能广博深厚，能覆盖万物，能承载万物。宋代卫湜引江陵项氏曰：“久以时言，悠远以地言，博厚以业言，高明以德言。历时之久，及物之远，故其业愈广而德愈崇，业广德崇则愈能悠久，始于悠久，终于悠久，此所谓至诚无息也。无息者，理也。不息者，人也。无疆者，如天地之无尽处、无已时也。”（卫湜《礼记集说》卷一百三十四）中间部分所论述的天、地、山、水并不是一般的描述，而是阐述了深厚的哲学道理。说明至诚不已，能从微至著，从小至大。宋代袁甫说：“藏至大于至小，而小所以为大也。藏至厚于至薄，而薄所以为厚也。藏至高于至卑，而卑所以为高也。藏至深于至浅，而浅所以为深也。谓之藏，而非藏也。”（《蒙斋中庸讲义》卷四）天地由于至诚无息，故能如此。引用《诗经》的诗句，不过举例说明天之所以成为天，地也就不待言了。举例说明文王之所以成为文王，赞美他的品德精纯可以与天的诚一不贰相比，不已可以与天的不息相比。

原文

故至诚无息。不息则久，久则征[1]。征则悠远，悠远则博厚，博厚

译文

所以，最高的真诚是永不止息的。不止息就能长久，长久就会得到验证。得到验证就会长远，长远就会广博深厚，广博

则高明。

博厚，所以载物也；高明，所以覆物也；悠久，所以成物也。博厚配地，高明配天，悠久无疆。如此者，不见而章，不动而变，无为而成。

深厚就会高大光明。

广博深厚，能用来承载万物；高大光明，就能用来覆盖万物；久远，就能用来成就万物。广博深厚可以与地相配，高大光明可以与天相配，久远得无边无际。像这样的真诚，不须表现就会自然彰明，不用行动就会自然变化，不用作为就会自然成功。

注释

1 征：验证。

原文

天地之道，可一言而尽也，其为物不贰[1]，则其生物不测。天地之道，博也，厚也，高也，明也，悠也，久也。今夫天，斯昭昭[2]之多，及其无穷也，日月星辰系焉，万物覆焉。今夫地，一撮土之多，及其广厚，载华岳[3]而不重，振[4]河海而不泄，万物载焉。今夫山，一卷[5]石之多，及其广大，草木生之，禽兽居之，宝藏兴

译文

天地的道理，用一个“诚”字就可以概括。天地对待万物真诚专一，生养万物神秘莫测。天地的道理，广大啊，深厚啊，高大啊，光明啊，悠长啊，久远啊！就拿天来说，不过是一片小小的光明，越积越多，以至于无穷无尽，日月星辰悬挂在上面，万物被覆盖在下面。就拿地来说，不过是一把小小的土块，越积越多，以至于这样广博深厚，承载着华山不觉得重，容纳黄河、大海不会泄漏，万物都被它负载着。就拿山来说，不过是一块拳头大的石头，越积越多，以至于这样高大，草木在上面生长，禽兽在中间居住，宝藏在里

焉。今夫水,一勺之多,及其不测,鼋鼍[6]、蛟龙、鱼鳖生焉,货财殖焉。

面蕴育。就拿水来说,不过是一勺子的水,越积越多,以至于深不可测,鼋鼍、蛟龙、鱼鳖在里面生长,财物在里面繁殖。

注释

1 不贰:专一。

2 昭昭:指小小的光明。

3 华岳:西岳华山。

4 振:指收容。

5 卷:通“拳”,拳头。

6 鼋鼍(yuán tuó):鼋是一种大鳖,鼍是一种鳄鱼。

原文

《诗》云:“维天之命,於穆不已!”[1]盖曰天之所以为天也。“於乎不显!文王之德之纯。”[2]盖曰文王之所以为文也,纯亦不已。

译文

《诗经》里说:“只有天的生命,庄严肃穆运行不已。”大概说的是天之所以成为天的道理。《诗经》里说:“呜呼!多么显赫光明,文王的品德是那样的精纯。”大概说的是文王之所以谥号为“文”,是因为品德精纯又像天一样运行不已。

注释

1 於(wū):感叹词。穆:肃穆。已:止。《诗》见《周颂·维天之命》篇。

2 “於乎”二句:见《周颂·维天之命》。不,通“丕”,大。显,指光明。

第二十七章

导读

朱熹认为这一章是言天道,实际是把圣人之道同天道相比,用“洋洋乎”“优优”赞扬圣人之道的伟大,峻极于天,至大无外。元代景星说:“言道之极于至大,指其形于气化者言。‘发育万物’一句是道之功用,《语录》谓即春生、夏长、秋收、冬藏便是圣人之道。”(《中庸集说启蒙》卷下)用“礼仪三百,威仪三千”赞扬圣人之道与天道相同,至小无内。元代景星解释说:“言道之入于至小指其形于人事者言。礼仪如冠婚丧祭朝觐会同之类为大节,威仪如进退升降俯仰揖逊之类为其中之小目。”(《中庸集说启蒙》卷下)圣人之所以能如此,是因为具备了最高的德行,因此能够修成大道。

向圣人学习的君子,则从先天和后天两个方面去实现圣人之道,达到与天道相合的境界。“君子尊德性”以下五句,就是这种实践的标准。德性是源,学问是流。尊德性是极至于大的方面,道问学是极至于小的方面。元代景星说:“非尊德性则不能道问学,既尊德性不可不道问学。非致广大则不能尽精微,既致广大不可不尽精微。非极高明则不能道中庸,既极高明不可不道中庸。非温故则不能知新,既温故不可不知新。非敦厚则不能崇礼,既敦厚又不可不崇礼。五句是十意。”“广大中自有精微之理,高明中自有中庸之则,温故中自有新意,敦厚中自有节文,故不可不交勉而并进。尊、致、极、温、敦五字为存心工夫,道、尽、道、知、崇为致知工夫。”(《中庸集说启蒙》卷下)朱熹从存心和致知两个角度进行了分析,他说:“尊德性,所以存心而极乎道体之大也。道问学,所以致知而尽乎道体之细也。二者修德凝道之大端也。不以一毫私意自蔽,不以一毫私欲自累,涵泳乎其所已知。敦笃乎其所已能,此皆存心之属也。析理则不使有毫厘之差,处事则不使有过不及之谬,理义则日知其所未知，节文则日谨其所未谨，此皆致知之属也。盖非存心无以致知，而存心者又不可以不致知。故此五句，大小相资，首尾相应，圣贤所示入德之方，莫详于此，学者宜尽心焉。”(《四书章句集注》)

“是故”以下六句，是在上文君子修德凝道之后形成的盛德功效，是在实际中的具体应用。圣人之道高大，没有至德，其道不成。所谓至德，也就是天性至诚。君子贤人当勤学而致至诚。

原文

大哉圣人之道！洋洋乎[1]发育万物，峻[2]极于天。优优[3]大哉！礼仪三百，威仪三千。[4]待其人而后行。故曰苟不至德，至道不凝[5]焉。故君子尊德性而道问学，致广大而尽精微，极高明而道中庸。温故而知新，敦厚以崇礼。是故居上不骄，为下不倍[6]；国有道，其言足以兴；国无道，其默足以容。《诗》曰：“既明且哲，以保其身。”[7]其此之谓与！

译文

多么伟大啊，圣人之道！充盈天地之间，无时无处不在创造培育万物，高峻齐天，多么充裕有余啊！礼仪的纲要约有三百条，礼仪的细目约有三千条。等待着有德能的人来实行。所以说，假如不是具有最高德行的人，最好的道理也就不能实行成功。所以君子既尊崇先天的德行本性，又履行后天的学习求教，既达到天地的广大境界，又深入探究到精妙细微，到达高大光明的极点同时又履行中庸之道。温习已有的知识从而获取新的见解，为人敦厚又崇尚礼仪。所以身处上位而不骄傲，身居下位而不背逆；国家政治清明，他的言论足以使社会振兴；国家政治黑暗，他的沉默足以避祸容身。《诗经》里说：“既聪明又智慧，可以保全自身。”大概说的是这种情况吧。

注释

1 洋洋乎：充沛广大的样子。

2 峻：高大。

3 优优：充足有余的样子。

4 礼仪三百，威仪三千：此言道之入于至小而无间。礼仪，指礼的纲要。威仪，指礼的具体细目。

5 凝：聚集，形成。

6 倍：通“背”。

7 哲：明智。《诗》见《大雅·烝民》。

第二十八章

导读

愚指无德，贱指无位。“愚而好自用”指有位无德而作礼乐。“贱而好自专”指有德无位而作礼乐。“生乎今之世，反古之道”指生活在周朝的时代而遵从夏、殷的礼仪。三种情况有一种，就会招致灾难。统治天下有三个重要的方面，一是礼乐制度的议定，这是用来规范人的行为的，因此要“行同伦”；二是法度的制定，因此要“车同轨”；三是文字的考订统一，这是用来保持文化习俗的相对一致，因此要“书同文”。宋代袁甫说：“夫中庸之道，古道也。合天下之智以为智，而不自用其智；合众人之功以为功，而不自专其功。”（《蒙斋中庸讲义》卷四）孔子能述说夏礼，殷礼、周礼皆学而从周，是因为“生乎今之世”，而不“反古之道”，更因为如孔子所说“周监于二代，郁郁乎文哉”。择善而从，就是坚守中庸之道。重点阐述君子行道，立足于自身。

原文

子曰：“愚而好自用，贱而好自专，生乎今之世，反[1]古之道。如此者，灾及其身者也。”

非天子，不议礼，不制度[2]，不考文[3]。今天下车同轨，书同文，行同伦。[4]虽有其位，苟无其德，不敢作礼乐焉；虽

译文

孔子说：“愚蠢而喜欢刚愎自用，卑贱而喜欢独断专行，生活在当今的社会，却要返回到古代的治国方法。像这样的人，灾难将会落到他的身上。”

不是天子，就不该议定礼仪，不得制定法度，不得考订文字。如今天下车辙的距离相等，书写的文字相同，行为的伦理规范相同。即使有天子的地位，假如没有圣人的德行，不敢制作礼乐制度；即使有

有其德，苟无其位，亦不敢作礼乐焉。

圣人的德行，假如没有天子的地位，也不敢制作礼乐制度。

注释

1 反：通“返”，返回。
2 制度：制定法度。
3 考文：考订文字。考，考订。文，文字。
4 今天下车同轨，书同文，行同伦：此三句有人认为是后人所加。

原文

子曰：“吾说夏礼，杞[1]不足征[2]也；吾学殷礼，有宋[3]存焉。吾学周礼，今用之，吾从周。”

译文

孔子说：“我要讲解夏代的礼仪，但现在的杞国已经不能够验证它了；我学习殷朝的礼仪，还有宋国保存着。我学习周朝的礼仪，今天鲁国正在使用着，所以我遵从周朝的礼仪。”

注释

1 杞（qǐ）：周代诸侯国名。武王克殷，封夏后氏的后裔于杞。
2 征：取证。
3 宋：周代诸侯国名。周公旦攻灭武庚后，封殷纣王的庶兄微子启于商故都商丘地区，国号“宋”。

第二十九章

导读

“三重”当指上章的“议礼”“制度”“考文”，即礼乐、制度、文化，这是治理国家的大事。治理国家不犯过错很难，因此说“寡过”。“上焉者”指前代的礼仪，即上章的夏礼、殷礼。孔子说过：“夏礼吾能言之，杞不足征也。殷礼吾能言之，宋不足征也。文献不足故也，足则吾能征之矣。”道即是理，推之四海而皆准，所以能“考诸三王”“建诸天地”“质诸鬼神”，“不缪”“不悖”“无疑”，充分证明了“道”的唯一性、正确性。而这种唯一性、正确性内在的方面取决于“本诸身”，外在的方面取决于“征诸庶民”，与第二十七章的“君子尊德性而道问学”相应。“尊德性”即“本诸身”，“道问学”即“征诸庶民”，因此君子的“动”“行”“言”可以成为天下的“道”“法”“则”。宋代卫湜引高要谭氏曰：“化民之道，则当本之于身。彼上焉者，专言道德，虽善矣，然微妙而无征。下焉者，专言刑政，虽善矣，然卑陋而不尊。是二者皆不足以示信于民，而民弗从焉。唯君子之道，一本于身。盖身者，实理之所在，而仁义礼知所从出也。求之在我，既有可言之实；验之于民，则亦天下之所同然。自尧舜三代以来，未有舍是而能化天下者，故考诸三王为不缪也。是道之大，可与天地并立，故建诸天地为不悖也。是道出于天命之性，其理为不欺，故质诸鬼神为无疑也。是道前圣之所共传，后圣之所当用，以人治人，古今一理，故百世以俟圣人而不惑也。”引兼山郭氏曰：“上章审礼之时。此章言稽古之治。”（卫湜《礼记集说》卷一百三十五）元代景星说：“前章言无德位而作礼乐，其终也灾及其身。此言有德位而作礼乐，其始也必本诸身，其功用宏大全在人主身上。”（《中庸集说启蒙》卷下）清代康熙御制《日讲四书解义》卷三说：“此二节书是承上文言民之所以寡过而君子之所由以永誉也。”

原文

王[1]天下有三重[2]焉，其寡过矣乎！上焉者[3]虽善无征，无征不信，不信民弗从；下焉者[4]虽善不尊，不尊不信，不信民弗从。

译文

统治天下的人把礼乐、制度、文化三个重要方面的事情做好了，大概就很少有过错了。前代的礼仪，虽然好但无法验证，无法验证就不能让人相信，不能让人相信，老百姓就不会遵从；身处下位的圣人制定的礼仪，虽然好但地位不高，地位不高也就不被相信，不被相信，老百姓就不会遵从。

注释

1 王（wàng）：动词，称王，统治。

2 三重：郑玄认为指三王之礼，指夏、商、周。朱熹引吕氏曰："三重，谓议礼、制度、考文。惟天子得以行之，则国不异政，家不殊俗，而人得寡过矣。"

3 上焉者：指前代的礼仪，如夏礼、殷礼。

4 下焉者：指圣人在下位，像孔子虽然精通礼仪，却不在天子之位。

原文

故君子之道，本诸身，征诸庶民，考诸三王[1]而不缪[2]，建诸天地而不悖，质[3]诸鬼神而无疑，百世以俟圣人而不惑。质诸鬼神而无疑，知天也；百世以俟圣人而不惑，知人也。是故

译文

所以君子治理天下的办法，要以自身的德性为根本，从自身做起，在百姓中求得验证，比照三王的礼法看看有没有错误，树立在天地之间而不违背自然，向鬼神质询而没有疑问，百代以后等到圣人来检验也没有疑惑。向鬼神质询而没有疑问，这是通晓天理；百代以后等到圣人来检验也没有疑惑，这是通晓人情。所以君

君子动而世为天下道，行而世为天下法，言而世为天下则。远之则有望，近之则不厌。

《诗》曰：“在彼无恶，在此无射。庶几夙夜，以永终誉。”[4] 君子未有不如此而蚤[5] 有誉于天下者也。

子的举动能够成为世世代代遵从的常规，行为能够世世代代为天下人效法，言论能够世世代代作为天下人的准则。远离君子则生仰望之心，接近君子永远不会产生厌倦。

《诗经》里说：“在那里没有人怨恨，在这里没有人厌恶。几乎朝朝暮暮不懈怠，始终保持好名誉。”君子没有一个不是这样做才早早地赢得天下美好名誉的。

注释

1 三王：指夏禹、商汤、周文王和武王。

2 缪：通“谬”，错误。

3 质：对证，验证。

4 射（yì）：通“斁”，讨厌。 庶几：几乎，差不多。《诗》见《周颂·振鹭》。

5 蚤：通“早”。

第三十章

导读

此章赞美孔子与天地合德。孔子一生谦虚好学,认为自己非生而知之者,而好古敏求不厌,尧舜为人道的极致,法度至文武而备,因此远尊尧舜的传统,近效文王、武王的准则。律天时,指体察天道,孔子作《春秋》,《春秋》具四时及灾异之事,就是律天时;袭水土,指体察地道,《春秋》记诸夏之事山川之异,就是袭水土;都是说明圣人没有任何一毫私意,无非顺天地之自然,所以能如天地之无不持载,无不覆帱。四时之错行,日月之代明,对天地来说就是小德川流;万物并育而不相害,道并行而不相悖,对天地来说就是大德敦化。《易经》里把乾卦比作天,把坤卦比作地,乾健而不息,坤厚而载物,天地化育,生生不息,这就是敦化。人具备天地之德,也就能川流,也就能敦化。赞美天地之所以为大,也就是赞美孔子之所以为圣。朱熹认为此章是言天道,倒不如认为是天道人道合言。唐代孔颖达说:"此一节明子思申明夫子之德与天地相似。"宋代卫湜引蓝田吕氏曰:"此言仲尼辟夫天地之大也。其博厚足以任天下,其高明足以冒天下,其化循环而无穷,达消息之理也;其用照鉴而不已,达昼夜之道也;尊贤容众,嘉善而矜不能,并育而不相害之理也;贵贵尊贤,赏功罚罪,各当其理,并行不相悖之义也。"引建安游氏曰:"中庸之道,至仲尼而集大成,故此书之末以仲尼明之。"(卫湜《礼记集说》卷一百三十五)

原文

仲尼祖述[1]尧舜,宪章[2]文武;上律[3]天时,下袭[4]水土。辟如天地之无

译文

仲尼远承尧舜的传统,近效文王、武王的法则;上遵循天时变化规律,下因顺水土的自然之理。好比天地,没有

不持载，无不覆帱[5]；辟如四时之错[6]行，如日月之代[7]明。万物并育而不相害，道并行而不相悖[8]。小德川流，大德敦化[9]。此天地之所以为大也。

什么不能承载，没有什么不能覆盖；好比四季交替运行，好比日月轮流照耀。万物共同生长发育而不互相妨害，各种规律并行而不互相冲突。小德像河水长流，永不止息；大德敦厚化育，无穷无尽。这就是天地之所以伟大的缘故。

注释

1 祖述：效法。祖，形容久远。述，遵循。

2 宪章：动词，效法。

3 律：指取法。

4 袭：因顺，适应。

5 帱（dào）：覆盖。

6 错：交替，循环。

7 代：交替。

8 悖：违背。

9 敦化：敦厚化育。

第三十一章

导读

聪重在耳，明重在目，兼听叫做聪，善视叫做明。聪明重在耳目，所谓耳聪目明，指善于听取意见，善于观察事物。睿智重在心灵，睿指英明有远见，表现为善于思考，智重在获取知识，为圣人所具有，所以能做到“有临”。宽裕温柔，重在胸怀的广大，心地的仁慈，为圣人所具有，所以能做到“有容”。发强刚毅，重在精神的奋发，意志的坚强，为圣人所具有，所以能做到“有执”。齐庄中正，重在外表的恭敬严肃，内心的公平正确，为圣人所具有，所以能做到“有敬”。文理密察，重在思考的透彻，处理的精细，为圣人所具有，所以能做到“有别”。宋代卫湜引建安游氏曰：“聪明睿知，圣德也。宽裕温柔，仁德也。发强刚毅，义德也。齐庄中正，礼德也。文理密察，知德也。”（卫湜《礼记集说》卷一百三十六）引延平杨氏曰：“临而不容，不足以得众；容而无执，不足以有制；执而不敬，或失于自私；敬而无别，或无以方外：非成德也。”（卫湜《礼记集说》卷一百三十五）朱熹认为，聪明睿智以下，是仁义礼智的德。（《四书章句集注》）五个“足以”，充分说明了伟大的圣人具备的德行十分完备。德行的完备，取决于内在的修养，于是用“溥博如天，渊泉如渊”二句来形容德行根基的深厚。但圣人并不轻用其锋，而是“时出之”。朱熹解释说：“溥博者，其大无方；渊泉者，其深不测。或容以为仁，或执以为义，或敬以为礼，或别以为智，惟其时而已，此所谓时出之也。”（《中庸辑略》卷下）所谓“时出之”，就是当行则行，当止则止，是因顺自然，是“配天”，而不是“人为”，所以才会受到民众的拥护和爱戴、尊敬和信任，才能享誉天下。

元代景星总结说：“此章言小德，条理分明，人所易见，故曰凡有血气莫不尊亲。下章言大德，即无声无臭者，故曰非圣人其孰能知之。此

是自内说出外，下章是自外说入内。”（《中庸集说启蒙》卷下）

原文

唯天下至圣，为能聪明睿知[1]，足以有临[2]也；宽裕温柔，足以有容也；发强[3]刚毅，足以有执[4]也；齐庄[5]中正，足以有敬也；文理密察，足以有别也。溥博[6]渊泉[7]，而时出之。溥博如天，渊泉如渊。见[8]而民莫不敬，言而民莫不信，行而民莫不说[9]。

译文

只有天下最伟大的圣人才能这样聪明睿智，足以监临天下；才能这样宽厚温柔，足以包容万物；才能这样奋发刚毅，足以操持决断万事；才能这样恭敬庄重，中和公正，足以令人敬畏；才能这样文章条理缜密明察，足以辨别是非。德行博大精深，表现适时。周遍广阔如同苍天，根基深沉如同深渊。他一出现，民众没有不敬佩的；他一说话，民众没有不相信的；他一行动，民众没有不喜悦的。

注释

1 睿知：睿智。睿，英明。

2 临：居高临下，指身居高位。

3 发强：奋发自强。

4 执：主持，指有决断。

5 齐（zhāi）庄：恭敬庄重。齐，通“斋”，指恭敬。

6 溥博：周遍广阔的样子。

7 渊泉：比喻圣人的道德根基深厚。

8 见：同“现”。

9 说：通“悦”。

原文

是以声名洋溢乎中国，施[1]及蛮貊[2]。舟车所至，人力所通，天之所覆，地之所载，日月所照，霜露所队[3]，凡有血气者，莫不尊亲[4]，故曰配天。

译文

因此，他的声名充满华夏大地，传播到四方少数民族。凡是车船能到的地方，人步行能通的地方，苍天覆盖的地方，大地承载的地方，日月照耀的地方，霜露降落的地方，凡是有血气的人，没有人不尊敬他亲爱他，所以说圣人的德行与天媲美。

注释

1 施（yì）：延及。

2 蛮貊（mò）：泛指四方边远地区少数民族。蛮，古代居住在南方的少数民族。貊，古代居住在东北方的少数民族。

3 队：“坠”的本字。

4 亲：指父母。

第三十二章

导读

上章论述至圣，此章论述至诚。郑玄认为至诚指孔子，大经指《春秋》，大本指《孝经》，失于坐实。元代景星引叶氏曰："至圣指发用神妙言，至诚指大经大本之实理言。非至圣无以显至诚之全体，非至诚无以全至圣之妙用。"（《中庸集说启蒙》卷下）"经纶"本义都是纺织的事情，所谓"经"，是把丝的头绪理出来分开；所谓"纶"，就是把同类的丝理出来放在一起。这里用来比喻治理国家。对"大经""大本""化育"，元代景星有这样的解释："大经是道，大本是性，性乃大经之本。天地化育是命，又大经大本之所自出。"（同上）宋代卫湜引蓝田吕氏曰："大经，天理也，所谓庸也。大本，天心也，所谓中也。"引马氏曰："大本者，性之始，所谓中德也。大经者，性之成，所谓庸德也。"引晏氏曰："天下大经者，理之常。天下大本者，性之中。天地化育者，命之正。能穷理则能经纶天下之大经，能尽性则能立天下之大本，能至于命则能知天地之化育。唯天下至诚，则能穷理尽性而至于命。其于三者之道全之尽之矣。"（卫湜《礼记集说》卷一百三十六）至诚能经纶大经，能立大本，能知化育，同样具有深厚的德行根基；"肫肫"着重形容纯诚，侧重从经纶的角度说；"渊渊"着重形容深静，侧重从立本的角度说；"浩浩"着重形容广大，侧重从知化育的角度说。"渊渊其渊，浩浩其天"，与上章"溥博如天，渊泉如渊"可谓异文同旨。所以说如果不是本来就具备聪明圣智，本来就通达天的德行，就不能做到。

朱熹总结说："承上章而言大德之敦化，亦天道也。前章言至圣之德，此章言至诚之道。然至诚之道，非至圣不能知；至圣之德，非至诚不能为：则亦非二物矣。此篇言圣人天道之极致，至此而无以加矣。"卫湜引蓝田吕氏曰："'唯天下至诚'一章论道，唯圣人为能知之。"引新定

邵氏曰:“上章言天下至圣,此章言天下至诚,明至诚所以为至圣也。”(卫湜《礼记集说》卷一百三十六)

原文

唯天下至诚,为能经纶[1]天下之大经[2],立天下之大本[3],知天地之化育。夫焉有所倚!肫肫[4]其仁,渊渊[5]其渊,浩浩其天。苟不固聪明圣知达天德者,其孰能知之?

译文

只有天下最高的真诚,才能规划操持天下的大纲,树立天下的根本,通晓天地的化育之功。哪里要有什么依赖?多么诚恳啊,他的仁心!多么深沉啊,他的根基!德行如天,浩浩荡荡!假如本来不是聪明圣智通达天德的人,谁能知道呢?

注释

1 经纶:指规划治理。

2 大经:指大纲。经本是织机上的纵线,引申为纲要。

3 大本:五伦(朱熹说)。

4 肫肫(zhūn):诚恳的样子。

5 渊渊:深沉的样子。

第三十三章

导读

此章开头引用《诗经》锦衣上加罩衣，厌恶文采显露于外，来比喻君子之道暗然而日益光明，小人之道耀眼醒目而日益消亡。锦衣是文，罩衣是质，君子文质兼备。宋代袁甫说："圣人之所以为圣人者，德盛而志愈谦，道大而心愈小，圣人非有意为之也。道本无可矜衒，人自矜衒耳。不矜衒者，藏而自显，久而愈章；好矜衒者，暂焉虽著，随即泯灭矣。圣人以此为君子、小人之判。""学者用力于道，只在温、简、冷淡中，即所谓'尚䌹'也。"(《蒙斋中庸讲义》卷四)君子之道"暗然"，暗就暗在"淡""简""温"这三字之中。之所以"日章"，就在于能做到"不厌"，能做到"文"，能做到"理"，能做到三个"知"。朱熹解释说："远之近，见于彼者由于此也。风之自，著乎外者本乎内也。微之显，有诸内者形诸外也。"(《四书章句集注》)也就是能做到由此知彼，由彼知此，由外知内，由内知外，因而对于潜伏隐微的东西能够洞察秋毫，这是君子与小人在"智""仁"上的差别。还有，君子能做到"内省不疚，无恶于志"，也就是能"慎独"，这是君子与小人在"勇"上的差别。因此君子与别人不同之处，并不在于外表的华丽或者有什么惊人之举，而是在人所不见之处能做到高度的真诚、高度的自律。连"屋漏"尚且不愧对，何况其他场合呢！宋代袁甫又说："《中庸》之书，首言慎独，末亦言慎独，中间所言无非慎独。"(《蒙斋中庸讲义》卷四)

正因为履行了中庸之道，所以就能"不动而敬，不言而信"，"不赏而民劝，不怒而民威于𫓧钺"，"笃恭而天下平"。三次引用《诗经》文句，无非是说明君子能做到最后引用《诗经》文句所说的那样"上天之载，无声无臭"，不必通过疾声厉色来教化百姓，所谓"至矣"，就是达到了最高点，无以复加了，也就是第二十七章所说的"极高明而道中庸"。

宋代袁甫总结说:"'衣锦尚䌹'而下,重述篇首'慎独'之义。有言有动未为至也,不言不动至矣;有赏有罚未为至也,不赏不罚至矣;有声有臭未为至也,无声无臭至矣。"(同上)清代李光地对这一章的总结非常精辟,他说:"此章与首章之义相首尾,而总结全篇之意。盖首章论体道之要,而曰不睹不闻,曰隐曰微,推本于未发之初,求端于方动之际,皆所谓不见,是图自证而自修之,非人之所能与也。所以然者,天命之性其本体原若是也。是以学问之事,伪则炫于外,诚则一于中。炫于外则表暴而有迹,一于中则收敛而无形。自立心之始,至于盛德之至,虽浅深高下不同,而其心则一;故圣人不显之妙与天合德,然方其暗然淡简,即无声无臭之体,而达乎天德之基也。此书以《中庸》名篇者,此理原于性命,行乎道教,惟其诚实而无妄,是以至中而至常。学道者以诚实无妄之心求之,则内无隐怪之慕,外无功利之贪,淡泊平常,无声色臭味之可娱悦,然后可以明庶物、察人伦,而返乎性命之真矣。故无声无臭者,微妙之至,即中庸之极也。"(《中庸章段》)

原文

《诗》曰"衣锦尚䌹",恶其文之著也。[1]故君子之道,暗然而日章;小人之道,的然而日亡。君子之道,淡而不厌,简而文,温而理,知远之近,知风之自,知微之显,可与入德矣。

《诗》云:"潜虽伏矣,亦孔之昭。"[2]故君子内省

译文

《诗经》里说:"身穿锦服,外罩单衣。"这是讨厌锦服的花纹过于显眼。所以,君子的道德开始暗淡而日益彰明,小人的道德开始华艳而日益消亡。君子的道德恬淡而令人不厌,简朴而富有文采,温和而富有理致,由近而知远,知道风气从何而起,知道从微小走向显著,这样可以进入盛德的境界。

《诗经》里说:"虽然潜藏在水底,也被看得清清楚楚。"所以君子自我反

不疚，无恶于志。君子之所不可及者，其唯人之所不见乎！

省没有过错，也就无愧于心。君子有常人不能达到的地方，大概就在别人看不见的地方吧。

注释

1 衣（yì）：动词，穿衣。 尚：通“上”，指罩上外衣。 絅（jiǒng）：义同“褧”，麻制的单衣。 恶（wù）：厌恶，憎恶。《诗》见《卫风·硕人》。今《毛诗》作“衣锦褧衣”。

2 孔：副词，很，非常。《诗》见《小雅·正月》。

原文

《诗》云：“相在尔室，尚不愧于屋漏。”[1] 故君子不动而敬，不言而信。

《诗》曰：“奏假无言，时靡有争。”[2] 是故君子不赏而民劝，不怒而民威于鈇钺。[3]

《诗》曰：“不显惟德，百辟其刑之。”[4] 是故君子笃恭而天下平。

译文

《诗经》里说：“看你独自在室内，尚且不愧于西北角。”所以君子尚未行动就能受人尊敬，不必说话就能被人相信。

《诗经》里说：“演奏大乐不说话，此时没有争吵声。”所以君子不必行赏而民众就能互相勉励，不必发怒而民众觉得比刑罚还要威严。

《诗经》里说：“文王的德行多么光明，四方的诸侯都纷纷效法。”所以君子笃实恭敬而天下太平。

注释

1 相：察看。 屋漏：室内西北角，有天窗透光，故名。《诗》见《大雅·抑》。

2 假：大，指大乐。《诗》见《商颂·烈祖》。

3 铁钺：铡刀和大斧，古代用作刑具。

4 不显：不，通“丕”，大。显，指光明。辟：君，指诸侯。刑：通“型”，模型，这里用作动词，效法，仿效。《诗》见《周颂·烈文》。

原文

《诗》云：“予怀明德，不大声以色。”[1] 子曰：“声色之于以化民，末也。”

《诗》曰“德輶如毛”，毛犹有伦；[2]“上天之载，无声无臭”，至矣！[3]

译文

《诗经》里说：“我怀念文王光明的德行，他从不疾声厉色。”孔子说：“靠严厉的声色教化民众，那是下策。”

《诗经》里说“德行轻如毛”，毛仍然是有类可比的东西；“上天化生万物，没有声音没有气味”，那才是最高的境界呢。

注释

1 以：与。《诗》见《大雅·皇矣》。

2 德輶（yóu）如毛：见《大雅·烝民》。輶，轻。伦：类。

3 上天之载，无声无臭（xiù）：见《大雅·文王》篇。臭，气味。

附录

《大学》《中庸》评论资料选编

《中庸说》二篇，见《汉书·艺文志》。戴颙《中庸传》二卷，梁武帝《中庸讲疏》一卷，见《隋书·经籍志》。惟《大学》无别行之本，然《书录解题》载司马光有《大学广义》一卷、《中庸广义》一卷，已在二程以前，均不自洛闽。诸儒始为表章，特其论说之详，自二程始。定著《四书》之名，则自朱子始耳。原本首《大学》，次《论语》，次《孟子》，次《中庸》，后刊本以《大学》《中庸》篇页无多，并为一册，遂移《中庸》于《论语》前，明代科举命题又以作者先后移《中庸》于《孟子》前。

（《四库全书·〈四书章句集注〉提要》）

《大学》古本为一篇，朱子则分别经传，颠倒其旧次，补缀其阙文。《中庸》亦不从郑注分节，故均谓之章句。

（《四库全书·〈四书章句集注〉提要》）

《大学》章句，诸儒颇有异同，然"所谓诚其意者"以下并用旧文，所特创者不过补传一章，要非增于八条目外。既于理无害，又于学者不为无裨，何必分门角逐欤？

（《四库全书·〈四书章句集注〉提要》）

《中庸》虽不从郑注，而实较郑注为精密。盖考证之学，宋儒不及汉儒；义理之学，汉儒亦不及宋儒；言岂一端，要各有当。况郑注之善者，如"戒慎乎其所不睹"四句，未尝不采用其意；"虽有其位"一节，又未尝不全袭其文。观其去取，具有鉴裁，尤不必定执古义相争也。

（《四库全书·〈四书章句集注〉提要》）

朱子平生精力殚于《四书》，其判析疑似，辨别毫厘，实远在《易本义》《诗集传》上。读其书者，要当于大义微言求其根本。明以来攻朱子者，务摭其名物度数之疏；尊朱子者又并此末节而回护之，是均门户之见，乌识朱子著书之意乎？

（《四库全书·〈四书章句集注〉提要》）

古者上自王公下至庶人之子弟，年八岁则皆入小学，及其十有五年则皆入大学。八岁者，小子也，以其为小子之学，故谓之小学。十五则大人也，以其为大人之学，故谓之大学。小学者，养其良心而谨其学业也。大学者，充其知识而措诸事业也。所谓大学之道者，谓大人所以为学之理也。

（宋·金履祥《大学疏义》一卷）

《学庸正说》三卷，明赵南星撰。南星字梦白，号侪鹤，高邑人。万历甲戌进士，官至吏部尚书，以忤魏忠贤削籍谪戍，崇祯初追谥忠毅，事迹具《明史》本传。是编凡《大学》一卷、《中庸》二卷，每节衍为口义，逐句阐发，而又以不尽之意附载于后，虽体例近乎讲章，然词旨醇正，诠释详明。其说《大学》不从姚江之“知本”，而仍从朱子之“格物”；并补传一章，亦为训解。其说《中庸》，不以无声无臭虚论性天，而始终归本于慎独，皆确然守先儒之旧。

（《四库全书·〈学庸正说〉提要》）

《四书通证》六卷，元张存中撰。存中字德庸，新安人。初胡炳文作《四书通》，释义理而略名物。存中因排纂旧说成此书，以附其后，故名曰《四书通证》，（胡）炳文为之序。

（《四库全书·〈四书通证〉提要》）

《四书集编》二十六卷，宋真德秀撰。德秀字希元，浦城人。庆元五年进士，中词科。绍定中，拜参知政事，进资政殿直学士。提举万寿观。卒谥文忠，事迹具《宋史·道学传》。此书惟《大学》一卷，《中庸》一卷，为德秀所手定。

（《四库全书·〈四书集编〉提要》）

《大学》《中庸》之书，至于朱子而理尽明，至予所编而说始备。虽从《或问》《辑略》《语录》中出，然铨择刊润之功亦多，间或附以己见。

（《学庸集编·原序》）

《大学疏义》一卷，元金履祥撰。履祥字吉父，兰溪人。少师事同郡王柏，后又从何基游，故儒者谓其能得朱子之遗绪，称为仁山先生。仁山者，履祥所居地也，其事迹具《元史·儒林传》。初朱子既定《大学章句》，复作《或问》以推明其义，而改易次序，补缀传文，皆出先儒旧说之外，学者犹不能无疑。履祥因随其章第作《疏义》以畅其文，又申为《指义》一篇，以统其会。柳贯尝为之序，今《指义》已佚，惟此书独存，而贯序亦不冠于卷首。

（《四库全书·〈大学疏义〉提要》）

元陈天祥《四书辨疑》，今观其书，大意主于阙疑而不贵穿凿，故其所列三百余条皆平心剖析，实非有意立异、规规为门户之争者。

（《四库全书·〈四书辨疑〉提要》）

《四书管窥》八卷，元史伯璿撰。伯璿字文玑，温州平阳人。据所作《管窥外篇》成于至元丁未，即元亡之年，计其人当已入明，然始末不可考矣……其书引赵顺孙《四书纂疏》、吴真子《四书集成》、胡炳文《四书通》、许谦《四书丛说》、陈栎《四书发明》及饶氏、张氏诸说，取其与集注异同者，各加论辨于下，诸说之自相矛盾者，亦为条列而厘订之。凡三十年而后成，于朱子之学颇有所阐发。

（《四库全书·〈四书管窥〉提要》）

《大学中庸集说启蒙》二卷，元景星撰。星号讷庵，余姚人。据卷末宣德九年钱时跋称，得礼部侍郎蒋骥写本，骥跋题庚辰岁，当为建文元年。骥为星之门人，则星元末人也。前有星自序，标题为《学庸集说启蒙》，而序中实曰《四书集说启蒙》。

（《四库全书·〈大学中庸集说启蒙〉提要》）

《问辨录》十卷，明高拱撰。拱字肃卿，新郑人。嘉靖辛丑进士，官至礼部尚书、文渊阁大学士，卒赠太师，谥文襄。事迹具《明史》本传。此编取朱子《四书章句集注》疑义逐条辨驳。

（《四库全书·〈问辨录〉提要》）

《四书逸笺》六卷，国朝程大中撰。大中字拳时，号是庵，应城人。是书采辑注疏及经史子集内有与四子书相发明者，或集注所已引而语有舛误，或集注所未发而义可参订者，为之笺其出处。其与《集注》小异者，则为附录。其它书中所载四子书及与今本异者，则为附记。第六卷内专考四书人物遗事及杂事数十则，别为杂记。援据颇极详明……固可与阎若璩《四书释地》相辅而行也。

（《四库全书·〈四书逸笺〉提要》）

《论语》者，编次仲尼及弟子之言也。《孟子》者，孟子之所著也。惟曾子、子思之所为书以《大学》《中庸》名。“大学”者，言其道之大也。“中庸”者，言其道之中正而平常也。二书之大旨具矣。初学率苦二书之难通，而尤以中庸为难。夫大者反易，庸者反难，二贤岂欺我哉！夫道一而已矣。言语文字则有详略隐显之异焉，犹厥之与其、旃之与之也。且以二书之首章言之，明德则天命之性也，率之而为道不待言矣。新民则修道之教也，慎独所以诚意而正心也，中和在其中矣，家齐国治而天下平即天地位万物育也，曾有一之弗合者乎？余少时先大夫命之习浅说至于今三四十年矣，而世道大变，士皆喜为异说，欲高出前辈之上；且浸淫于佛、老之说，余甚惧焉，命儿辈仍守浅说之学。然往时风气浑朴，学士家于圣贤之书，仅求通晓，未甚精核，其解多在廓庑之间，鲜窥窔奥。余乃以浅说为主，参以近日名家之说，会萃折衷，昼夜思索，偶有所得，亦颇有先儒之所未发者。然自谓不害其为同，他日视之殆有可以解颐，令儿辈习之，知吾道之滋腴无穷，无庸求异为也。

（《大学中庸正说·序》）

《大学》原本帝王之治身心以为端具，其小大遐迩之势，言之可行，虽未见其人，可以信其为达理也。《中庸》推明圣贤之道，同贯其义，俱要于中；既得其中，以总人己情义之分，斯俱得矣。

（明·章世纯《四书留书·原序》）

"大学之道"章，这一章是五经四书的纲领。明白得这一章，五经四书都在其中了。要明白这章书，不必另出意见，只将朱子《章句》《或问》细细玩味便洞然了。

（清·陆陇其《松阳讲义》卷一）

《大学证文》四卷，国朝毛奇龄撰。是书备述诸家《大学》改本之异同，首列注疏本，《大学》之真古本也。次列汉始平石经本，有录无书。以原本不传，且考验旧文，知即今注疏之本，故不复列。次为魏正始石经本，即丰坊所依托者，仍列于前，从其所伪之时代也。次为明道程子改本，次为伊川程子改本，次为朱子改本，皆录全文。次为王柏改本，次为季本改本，次为高攀龙改本，即崔铣改本；次为葛寅亮改本，皆仅列其异同之处而不录全文。

（《四库全书·〈大学证文〉提要》）

《大学证文》卷一：翰林院检讨毛奇龄撰。《大学》无古文、今文之殊，其所传文亦无石经本、注疏本之异。自西汉传《礼记》四十九篇中，有《大学》《中庸》二书并著为经，而其时复有以《大》《中》二书并《论语》《孟子》称小经者，析二书于记，为之单行。因别有《大学》《中庸》之目，历汉、晋、隋、唐以及于宋，未有异也。河南二程氏并读《大学》,疑其引经处参错不一,因各为移易,实未尝分经别传指为谁作,且变置其文而加以增补;而朱氏元晦乃复为之割之析之,迁徙颠倒,确然指定为孰经孰传,孰言孰意,孰衍当去,孰阙当补;而且推本师承以为皆程子之所为,一则曰程子所定,再则曰窃取程子,夫程子则焉能不受哉?独是改本虽存,犹属私藏,不过如二程所改之,仅存于《二程全书》之中,不必强世之皆为遵之;而元、明两代则直主朱子改本,而用以取士,且复勒之令甲,敕使共遵,一如汉代今学之所为设科射策劝以利禄者;而于是朱子有《大学》,五经无《大学》矣。考汉代立学,原分古今,古学校文,今学取士;古学无异同,今学可出入。而明则取士从同,校文从异,故科目士子并不知朱本之外,别有旧本,而一二学古者则又更起而施易之,或以彼易此,或以此易彼,尔非我是,竞相抵牾,而沿习既久,忽有伪造为古本献之朝廷,以为石经旧文,所当颁学宫而定科目者。夫祗一改经,而相沿祸烈至于如此,此不可不为之辨也。

(《四书大全》)

书十有五章,首章统论一篇之大旨,二章备著夫子之格言,三章而下明率性谓道、修道谓教之事,九章而下明至诚尽性至诚能化之事,末乃伤今思古,以道统绝续之会、帝王授受之真实在夫子,且反复推明仁诚之道,以俟后之圣人,末章则穷理尽性至命之学也。其为书也,大周乎天地,微极乎物理,幽贯乎神明,而卒归之无声无臭焉。广大精微,盖本诸易。

(宋·黎立武《中庸指归》)

命性，中也。道教，庸也。

（宋·黎立武《中庸指归》）

窃谓子思以"中庸"名篇，而首揭命性道教者，所以明"中庸"之旨。次释中和大本达道者，所以错综"中庸"性道之义，篇目经文纲举而目张也。

（宋·黎立武《中庸指归》）

至其《中庸》分章则以"天命之谓性"以下为一章，"仲尼曰"以下为二章，"君子之道费而隐"以下为三章，"道不远人"以下为四章，"君子素其位而行"以下为五章，"君子之道辟如行远"以下为六章，"鬼神之为德"以下为七章，"哀公问政"以下为八章，"诚者天之道也"以下为九章，"惟天下至诚"以下为十章，"诚者自成"以下为十一章，"大哉圣人之道"以下为十二章，"仲尼祖述尧舜"以下为十三章，"惟天下至圣"以下为十四章，"《诗》曰衣锦尚䌹"以下为十五章。

（《四库全书·〈中庸分章〉提要》）

大学章句序

〔宋〕朱熹

《大学》之书，古之大学所以教人之法也。盖自天降生民，则既莫不与之以仁义礼智之性矣。然其气质之禀，或不能齐，是以不能皆有以知其性之所有而全之也。一有聪明睿智能尽其性者出于其间，则天必命之以为亿兆之君师，使之治而教之，以复其性。此伏羲、神农、黄帝、尧、舜所以继天立极，而司徒之职、典乐之官所由设也。

三代之隆，其法寖备，然后王宫、国都以及闾巷，莫不有学。人生八岁，则自王公以下，至于庶人之子弟，皆入小学，而教之以洒扫、应对、进退之节，礼乐、射御、书数之文。及其十有五年，则自天子之元子、众子，以至公、卿、大夫、元士之適子，与凡民之俊秀，皆入大学，而教之以穷理、正心、修己、治人之道。此又学校之教、大小之节所以分也。

夫以学校之设，其广如此，教之之术，其次第节目之详又如此，而其所以为教，则又皆本之人君躬行心得之余，不待求之民生日用彝伦之外，是以当世之人无不学。其学焉者，无不有以知其性分之所固有、职分之所当为，而各俛焉以尽其力。此古昔盛时所以治隆于上，俗美于下，而非后世之所能及也。

及周之衰，贤圣之君不作，学校之政不修，教化陵夷，风俗颓败。时则有若孔子之圣，而不得君师之位以行其政教，于是独取先王之法，诵而传之，以诏后世。若《曲礼》《少仪》《内则》《弟子职》诸篇，固小学之支流余裔；而此篇者，则因小学之成功，以著大学之明法,外有以极其规模之大,而内有以尽其节目之详者也。三千之徒,盖莫不闻其说,而曾氏之传独得其宗,于是作为传义,以发其意。及孟子没而其传泯焉,则其书虽存,而知者鲜矣。

自是以来,俗儒记诵词章之习,其功倍于小学而无用;异端虚无寂灭之教,其高过于大学而无实;其他权谋术数,一切以就功名之说,与夫百家众技之流,所以惑世诬民、充塞仁义者,又纷然杂出乎其间。使其君子不幸而不得闻大道之要,其小人不幸而不得蒙至治之泽,晦盲否塞,反覆沉痼,以及五季之衰,而坏乱极矣。

天运循环,无往不复;宋德隆盛,治教休明。于是河南程氏两夫子出,而有以接乎孟氏之传,实始尊信此篇而表章之,既又为之次其简编,发其归趣,然后古者大学教人之法、圣经贤传之指,粲然复明于世。虽以熹之不敏,亦幸私淑而与有闻焉。顾其为书,犹颇放失,是以忘其固陋,采而辑之,间亦窃附己意,补其阙略,以俟后之君子。极知僭逾,无所逃罪,然于国家化民成俗之意、学者修己治人之方,则未必无小补云。

淳熙己酉二月甲子,新安朱熹序。

中庸章句序

〔宋〕朱熹

《中庸》何为而作也？子思子忧道学之失其传而作也。盖自上古圣神继天立极，而道统之传有自来矣。其见于经，则“允执厥中”者，尧之所以授舜也；“人心惟危，道心惟微，惟精惟一，允执厥中”者，舜之所以授禹也。尧之一言，至矣，尽矣！而舜复益之以三言者，则所以明夫尧之一言，必如是而后可庶几也。

盖尝论之，心之虚灵知觉，一而已矣，而以为有人心、道心之异者，则以其或生于形气之私，或原于性命之正，而所以为知觉者不同，是以或危殆而不安，或微妙而难见耳。然人莫不有是形，故虽上智，不能无人心，亦莫不有是性；故虽下愚，不能无道心。二者杂于方寸之间，而不知所以治之，则危者愈危，微者愈微，而天理之公卒无以胜夫人欲之私矣。精则察夫二者之间而不杂也，一则守其本心之正而不离也。从事于斯，无少间断，必使道心常为一身之主，而人心每听命焉，则危者安、微者著，而动静云为自无过不及之差矣。

夫尧、舜、禹，天下之大圣也。以天下相传，天下之大事也。以天下之大圣，行天下之大事，而其授受之际，丁宁告戒，不过如此。则天下之理，岂有以加于此哉？自是以来，圣圣相承，若成汤、文、武之为君，皋陶、伊、傅、周、召之为臣，既皆以此而接夫道统之传，若吾夫子，则虽不得其位，而所以继往圣、开来学，其功反有贤于尧、舜者。然当是时，见而知之者，惟颜氏、曾氏之传得其宗。及曾氏之再传，而复得夫子之孙子思，则去圣远而异端起矣。子思惧夫愈久而愈失其真也，于是推本尧、舜以来相传之意，质以平日所闻父师之言，更互演绎，作为此书，以诏后之学者。盖其忧之也深，故其言之也切；其虑之也远，故其说之也详。其曰“天命率性”，则道心之谓也；其曰“择善固执”，则精一之谓也；其曰“君子时中”，则执中之谓也。世之相后，千有余年，而其言之不异，如合符节。历选前圣之书，所以提挈纲维、开示蕴奥，未有若是之明且尽者也。自是而又再传以得孟氏，为能推明是书，以承先圣之统，及其没而遂失其传焉。则吾道之所寄，不越乎言语文字之间，而异端之说日新月盛，以至于老、佛之徒出，则弥近理而大乱真矣。然而尚幸此书之不泯，故程夫子兄弟者出，得有所考，以续夫千载不传之绪；得有所据，以斥夫二家似是之非。盖子思之功，于是为大，而微程夫子，则亦莫能因其语而得其心也。惜乎！其所以为说者不传，而凡石氏之所辑录，仅出于其门人之所记，是以大义虽明，而微言未析。至其门人所自为说，则虽颇详尽而多所发明，然倍其师说而淫于老、佛者，亦有之矣。

熹自蚤岁即尝受读，而窃疑之，沉潜反复，盖亦有年，一旦恍然似有以得其要领者，然后乃敢会众说而折其中，既为定著《章句》一篇，以俟后之君子。而一二同志复取石氏书，删其繁乱，名以《辑略》，且记所尝论辩取舍之意，别为《或问》，以附其后。然后此书之旨，支分节解，脉络贯通，详略相因，巨细毕举，而凡诸说之同异得失，亦得以曲畅旁通而各极其趣。虽于道统之传不敢妄议，然初学之士或有取焉，则亦庶乎行远升高之一助云尔。

淳熙己酉春三月戊申，新安朱熹序。

读大学法

〔宋〕朱熹

朱子曰:《语》《孟》随事问答,难见要领,惟《大学》是曾子述孔子说。古人为学之大方,而门人又传述以明其旨,前后相因,体统都具。玩味此书,知得古人为学所向,却读《语》《孟》便易入后面工夫,虽多而大体已立矣。〇看这一书,又自与看《语》《孟》不同,《语》《孟》中只一项事是一个道理,如孟子说仁义处只就仁义上说道理,孔子答颜渊以克己复礼,只就克己复礼上说道理。若《大学》却只统说,论其功用之极;至于平天下,然天下所以平却先须治国;国之所以治,却先须齐家;家之所以齐,却先须修身;身之所以修,却先须正心;心之所以正,却先须诚意;意之所以诚,却先须致知;知之所以至,却先须格物。〇《大学》是为学纲目。先读《大学》立定纲领,他书皆杂说在里许。通得《大学》了,去看他经,方见得此是"格物""致知"事,此是"诚意""正心"事,此是"修身"事,此是"齐家""治国""平天下"事。〇今且熟读《大学》作间架,却以他书填补去。〇《大学》是通言学之初终,《中庸》是指本原极致处。〇问:欲专看一书,以何为先?曰:先读《大学》,可见古人为学首末次第不比他书,他书非一时所言,非一人所记。

又曰:看《大学》固是著逐句看去也。须先统读传文教熟,方好从头仔细看。若全不识传文大意,便看前头亦难。

又曰:尝欲作一说教人,只将《大学》一日去读一遍,看他如何是大人之学,如何是小学,如何是"明明德",如何是"新民",

如何是“止于至善”。日日如是读,月来日去,自见所谓温故而知新。须是知新,日日看得新,方得却不是道理解新,但自家这个意思长长地新。〇读《大学》初间也只如此读,后来也只如此读。只是初间读得似不与自家相关,后来看熟,见许多说话须着如此做,不如此做自不得。〇读书不可贪多,当且以《大学》为先。逐段熟读精思,须令了了分明,方可改读后段。看第二段却思量前段,令文意连属却不妨。〇问:《大学》稍通,方要读《论语》?曰:且未可。大学稍通,正好着心精读。前日读时,见得前未见得后面,见得后未见得前面。今识得大纲体统,正好熟看。读此书功深则用博。昔尹和靖见伊川半年,方得《大学》。西铭看今人半年要读多少书,某且要人读此是如何?缘此书却不多而规模周备。凡读书,初一项须着十分工夫了,第二项只费得八九分工夫,第三项便只费得六七分工夫。少间读渐多,自通贯他书,自着不得多工夫。〇看《大学》俟见大指,乃及他书。但看时须是更将大段分作小段,字字句句不可容易放过,常时暗诵默思,反复研究。未上口时,须教上口;未通透时,须教通透;已通透后,便要纯熟;直待不思索时,此意常在心胸之间,驱遣不去方是。此一段了,又换一段看,令如此数段之后,心安理熟觉工夫省力时,便渐得力也。

又曰:《大学》是一个腔子,而今却要填,教他实。如他说格物,自家须是去格物后填,教他实着,诚意亦然。若只读得空壳子,亦无益也。〇读《大学》,岂在看他言语,正欲验之于心如何。如“好好色”“恶恶臭”,试验之,吾心果能好善恶恶如此乎?“闲居为不善”,是果有此乎?一有不至,则勇猛奋跃不已,必有长进。今不知如此,则书自书,我自我,何益之有?新安陈氏曰:凡读书之法皆当如此,非但《大学》也。

又曰:某一生只看得这文字透,见得前贤所未到处。温公作《通鉴》,言平生精力尽在此书,某于《大学》亦然。先须通此,方可读他书。

又曰:伊川旧日教人先看《大学》,那时未解说。而今有注解,觉大段分晓了,只在仔细看。陈氏曰:《大学章句》已示学者一定之准,只直按他见成底,熟就里面看意思滋味,便见得无穷义理出焉。

又曰:看《大学》且逐章理会,先将本文念得,次将《章句》来解本文,又将《或问》来参《章句》,须逐一令记得,反复寻究,待他浃洽,既逐段晓得,却统看温寻过。

又曰:《大学》一书有正经,有《章句》,有《或问》。看来看去,不用《或问》,只看《章句》便了,久之又只看正经便了,又久之自有一部《大学》在我胸中,而正经亦不用矣。然不用某许多工夫,亦看某底不出;不用圣贤许多工夫,亦看圣贤底不出。

又曰:《大学》解本文未详者,于《或问》中详之。且从头逐句理会到不通处,却看《或问》,乃注脚之注脚。某解书不合太多,又先准备学者为他设疑说了,所以致得学者看得容易了。人只说某说《大学》等不略说,使人自致思,此事大不然。人之为学,只争个肯与不肯耳。他若不肯向这里,略亦不解致思。他若肯向此一边,自然有味,愈详愈有味。陈氏曰:《大学》约其旨于《章句》,已的确真切;而详其义于《或问》,又明实敷畅。《章句》中太简,而或未喻则易枯,必于《或问》详之。《或问》中太博,而或未贯则易泛,必于《章句》约之。○新安陈氏曰:右二条之说不同,而可互相发明。

大学或问

〔明〕王阳明

或曰："《大学》者，昔儒以为大人之学矣。敢问大人之学何以在于'明明德'乎？"

阳明子曰："大人者，以天地万物为一体者也。其视天下犹一家，中国犹一人焉。若夫间形骸而分尔我者，小人矣。大人之能以天地万物为一体也，非意之也，其心之仁本若是，其与天地万物而为一也，岂惟大人，虽小人之心亦莫不然，彼顾自小之耳。是故见孺子之入井，而必有怵惕恻隐之心焉，是其仁之与孺子而为一体也。孺子犹同类者也，见鸟兽之哀鸣觳觫，而必有不忍之心，是其仁之与鸟兽而为一体也。鸟兽犹有知觉者也，见草木之摧折而必有悯恤之心焉，是其仁之与草木而为一体也。草木犹有生意者也，见瓦石之毁坏而必有顾惜之心焉，是其仁之与瓦石而为一体也。是其一体之仁也，虽小人之心亦必有之。是乃根于天命之性，而自然灵昭不昧者也，是故谓之'明德'。小人之心既已分隔隘陋矣，而其一体之仁犹能不昧若此者，是其未动于欲，而未蔽于私之时也。及其动于欲，蔽于私，而利害相攻，忿怒相激，则将戕物圮类，无所不为其甚，至有骨肉相残者，而一体之仁亡矣。是故苟无私欲之蔽，则虽小人之心，而其一体之仁犹大人也；一有私欲之蔽，则虽大人之心，而其分隔隘陋犹小人矣。故夫为大人之学者，亦惟去其私欲之蔽，以明其明德，复其天地万物一体之本然而已耳。非能于本体之外，而有所增益之也。"

曰："然则何以在'亲民'乎？"

曰:“明明德者,立其天地万物一体之体也;亲民者,达其天地万物一体之用也。故明明德必在于亲民,而亲民乃所以明其明德也。是故亲吾之父,以及人之父,以及天下人之父,而后吾之仁实与吾之父、人之父与天下人之父而为一体矣。实与之为一体,而后孝之明德始明矣!亲吾之兄,以及人之兄,以及天下人之兄,而后吾之仁实与吾之兄、人之兄与天下人之兄而为一体矣。实与之为一体,而后弟之明德始明矣!君臣也,夫妇也,朋友也,以至于山川鬼神鸟兽草木也,莫不实有以亲之,以达吾一体之仁,然后吾之明德始无不明,而真能以天地万物为一体矣。夫是之谓明明德于天下,是之谓家齐国治而天下平,是之谓尽性。”

曰:“然则又乌在其为‘止至善’乎?”

曰:“至善者,明德、亲民之极则也。天命之性,粹然至善,其灵昭不昧者,此其至善之发见,是乃明德之本体,而即所谓良知也。至善之发见,是而是焉,非而非焉,轻重厚薄,随感随应,变动不居,而亦莫不自有天然之中,是乃民夷物则之极,而不容少有议拟增损于其间也。少有拟议增损于其间,则是私意小智,而非至善之谓矣。自非慎独之至,惟精惟一者,其孰能与于此乎?后之人惟其不知至善之在吾心,而用其私智以揣摸测度于其外,以为事事物物各有定理也,是以昧其是非之则,支离决裂,人欲肆而天理亡,明德亲民之学遂大乱于天下。盖昔之人固有欲明其明德者矣,然惟不知止于至善,而骛其私心于过高,是以失之虚罔空寂,而无有乎家国天下之施,则二氏之流是已。固有欲亲其民者矣,然惟不知止于至善,而溺其私心于卑琐,是以失之权谋智术,而无有乎仁爱恻怛之诚,则五伯功利之徒是已。是皆不知止于至善之过也。故止至善之于明德、亲民也，犹之规矩之于方圆也尺度之于长短也权衡之于轻重也。故方圆而不止于规矩，爽其则矣；长短而不止于尺度，乖其剂矣；轻重而不止于权衡，失其准矣；明明德、亲民而不止于至善，亡其本矣。故止于至善以亲民，而明其明德，是之谓大人之学。”

曰：“‘知止而后有定，定而后能静，静而后能安，安而后能虑，虑而后能得’，其说何也？”

曰：“人惟不知至善之在吾心，而求之于其外，以为事事物物皆有定理也，而求至善于事事物物之中，是以支离决裂，错杂纷纭，而莫知有一定之向。今既知至善之在吾心，而不假于外求，则志有定向，而无支离决裂、错杂纷纭之患矣。无支离决裂、错杂纷纭之患，则心不妄动而能静矣。心不妄动而能静，则其日用之间，从容闲暇而能安矣。能安，则凡一念之发，一事之感，其为至善乎？其非至善乎？吾心之良知自有以详审精察之，而能虑矣。能虑，则择之无不精，处之无不当，而至善于是乎可得矣。

曰：“物有本末，先儒以明德为本，新民为末，两物而内外相对也。事有终始，先儒以知止为始，能得为终，一事而首尾相因也。如子之说，以新民为亲民，则本末之说亦有所未然欤？”

曰：“终始之说，大略是矣。即以新民为亲民，而曰明德为本，亲民为末，其说亦未为不可，但不当分本末为两物耳。夫木之干，谓之本，木之梢，谓之末，惟其一物也，是以谓之本末；若曰两物，则既为两物矣，又何可以言本末乎？新民之意，既与亲民不同，则明德之功，自与新民为二。若知明明德以亲其民，而亲民以明其明德，则明德亲民焉可析而为两乎？先儒之说，是盖不知明德亲民之本为一事，而认以为两事，是以虽知本末之当为一物，而亦不得不分为两物也。”

曰:“古之欲明明德于天下者,以至于先修其身,以吾子明德亲民之说通之,亦既可得而知矣。敢问欲修其身,以至于致知在格物,其工夫次第又何如其用力欤?”

曰:“此正详言明德、亲民、止至善之功也。盖身、心、意、知、物者,是其工夫所用之条理,虽亦各有其所,而其实只是一物。格、致、诚、正、修者,是其条理所用之工夫,虽亦皆有其名,而其实只是一事。

“何谓身?心之形体,运用之谓也。何谓心?身之灵明,主宰之谓也。何谓修身?为善而去恶之谓也。吾身自能为善而去恶乎?必其灵明主宰者欲为善而去恶,然后其形体运用者始能为善而去恶也。故欲修其身者,必在于先正其心也。

“然心之本体则性也,性无不善,则心之本体本无不正也。何从而用其正之之功乎? 盖心之本体本无不正,自其意念发动,而后有不正。故欲正其心者,必就其意念之所发而正之,凡其发一念而善也,好之真如好好色,发一念而恶也,恶之真如恶恶臭,则意无不诚,而心可正矣。

“然意之所发,有善有恶,不有以明其善恶之分,亦将真妄错杂,虽欲诚之,不可得而诚矣。故欲诚其意者,必在于致知焉。致者,至也,如云丧致乎哀之致。易言‘知至至之’,‘知至’者,知也;‘至之’者,致也。‘致知’云者,非若后儒所谓充扩其知识之谓也,致吾心之良知焉耳。良知者,孟子所谓‘是非之心,人皆有之’者也。是非之心,不待虑而知,不待学而能,是故谓之良知。是乃天命之性,吾心之本体,自然灵昭明觉者也。凡意念之发,吾心之良知无有不自知者。其善欤,惟吾心之良知自知之;其不善欤，亦惟吾心之良知自知之。是皆无所与于他人者也。故虽小人之为不善，既已无所不至，然其见君子，则必厌然掩其不善而著其善者，是亦可以见其良知之有不容于自昧者也。今欲别善恶以诚其意，惟在致其良知之所知焉尔。何则？意念之发，吾心之良知既知其为善矣，使其不能诚有以好之，而复背而去之，则是以善为恶，而自昧其知善之良知矣。意念之所发，吾之良知既知其为不善矣，使其不能诚有以恶之，而复蹈而为之，则是以恶为善，而自昧其知恶之良知矣。若是，则虽曰知之，犹不知也，意其可得而诚乎？今于良知之善恶者，无不诚好而诚恶之，则不自欺其良知而意可诚也已。

"然欲致其良知，亦岂影响恍惚而悬空无实之谓乎？是必实有其事矣。故致知必在于格物。物者，事也，凡意之所发必有其事，意所有之事谓之物。格者，正也，正其不正以归于正之谓也。正其不正者，去恶之谓也；归于正者，为善之谓也。夫是之谓格。书言'格于上下''格于文祖''格其非心'，格物之格实兼其义也。良知所知之善，虽诚欲好之矣，苟不即其意之所在之物而实有以为之，则是物有未格，而好之之意犹为未诚也。良知所知之恶，虽诚欲恶之矣，苟不即其意之所在之物而实有以去之，则是物有未格，而恶之之意犹为未诚也。

"今于其良知所知之善者，即其意之所在之物而实为之，无有乎不尽。于其良知所知之恶者，即其意之所在之物而实去之，无有乎不尽。然后物无不格，吾良知之所知者，无有亏缺障蔽，而得以极其至矣。夫然后吾心快然无复余憾而自谦矣，夫然后意之所发者，始无自欺而可以谓之诚矣。故曰：'物格而后知至，知至而后意诚，意诚而后心正，心正而后身修。'盖其功夫条理虽有先后次序之可言，而其体之惟一，实无先后次序之可分。其条理功夫虽无先后次序之可分，而其用之惟精，固有纤毫不可得而缺焉者。

“此格致诚正之说，所以阐尧舜之正传，而为孔氏之心印也。”

大学笺解

〔明〕王夫之

《大学》一书，本以言学，凡所言者皆立教之法，为学之方。《注》所云大人者，亦对小子之小学而言。即以大人为《易》及《孟子》所言之大人，亦是学为大人之事。犹孟子言大人之事备矣。时文〔填〕以“作君作师、建极锡福”等大话，则是称赞大人之德，不通莫甚焉。“古之欲明明德”，言欲，则是为学之志如此。“先治其国”是先求治国之理，如孝弟慈是也。时文动云“古之大人”，全是不通，当云古之学者。下明言“自天子以至于庶人”，则《序》所谓“天子之元子至凡民之俊秀”是也。

首章　此章明分为二段，只依《注》为万不可易。前一段括大学之旨，分为三，见其并至而不可偏废，而学有其序以顺成，以“物有本末”一节结之。后一段列序其为学之方有八，互相因以相成，而八者有其枢要，以“自天子”二节结之。切忌将“知所先后”起下，而有“知所后”不通之胡谈，后广释之。

大学节　“大学之道”四字，已函有八条目在内，三“在”字言其大旨在于此也。谓之“三纲领”者：以网喻，网以絜网之众曰；网上方眼曰目。以衣喻，领以摄衣之众绦。涤，幅也。网者，目之纲也；领者，条之领也。“明德”，身心意知之德也。“虚灵”，知之德，“不昧”，意之德；“具众理”，心之德；“应万事”，身之德。明之者，格致诚正修以著其全体大用也。时文以“昭宣莹彻”等字贴明字，俱是说梦。“民”，天下国家之人也。“新”者，齐之、治之、平之，使孝弟慈、好仁好义日进于善也。“旧染之污”是古今相沿之习气，流为风俗，虽至治之世亦有之，切不可以桀纣污之、汤武新之解。习即是染，反其习以向善即是新。“止于至善”者，明德则必使身心意知之无不明，新民则必使家国天下之无不新。明德非但以修己，即以齐治平而理皆得；新民非但务治人，必根本明德以化民成俗。“必至于是”，是尽心力以求至，“不迁”，是持守其大全而不使久缺。此节言大学之所以格致诚正修齐治平毕致其功者，以明德必欲明，民必使新，所止者必至善也。切不可于明、新、止字上下工夫语。

知止节　“知止”是省文，实谓“知止于至善”也。知乃大学之教，使学者知以比为学，非止至善之上别有求知之方法。定、静、安、虑，是为学时功候。“志有定向”，是志学时便向至善上下工夫；“心不妄动”，是专一安静，不浮慕而坐驰，“所处而安”，是安于所学，虽有不合者，更无畏难而生危疑之心。此句最忌将富贵、贫贱、患难等语胡混。“处事精详”，事即明德新民之事，处者学其所以处之之理。“得”乃全乎至善之学而以待用，皆是学时节次，与孟子“居之安”三句略同。此节之意，以方学而即以至善为止，疑于太高，故申言必先知所必至，然后明新之理无不得，故不可以近小拘蔽之也。

物有本末节　上言三者并重，而此以学之序言。“物有本末”结首节，新民必明德以新之，故必止于至善。“事有终始”结知止节，必止至善而后德无不明，民无不新。“物有本末”二句，时解有云推开泛论者，不通，须依《注》直指明、新、知、得。明德所以谓之物者，以身心意知亦是待治之物，如言有物有则。“事有终始”之先后，与本末之先后不同。此言终者，终其所始，不以其善成于终者立规模于前，则后所得者善不至，不可迫求小有得而苟成其终也。

欲明明德二节　此二节俗解分一节知先,一节知后,乃至不通之说。且道如何是知后,岂如事君后其食,作不要紧丢放后面乎!如不曾修身,且莫修身而急于正心,余倣此。身既不修,便陷大恶,又何有于心之不正乎!大学“後”“后”二字异用。“後”者,且勿急而姑待异日之意:对“前”字,则“先”字作在前解,而“后”者始得之意,言物格知始得至,余倣此。才完了致知之功;不对“前”字,不以时言,则“先”字亦是从彼处下工夫,为此工夫地之意。况云“物格而后知至”云云,乃以效之必然者言之,非云物格而后知致有次序,不可不知所后,且勿致知,待物已格而后求致知也。本文“欲”字则已有上一截工夫矣,但不得纯全,故须下一截工夫以成之。以是思之,“知〔所〕后”之不通明矣。○致知格物变文言“在”者,以若云先格其物,则“其”字不妥,若云“先格物”,又不成句耳。时文云“不言先而言在”云云,不通。○齐家以教而教可通于国,治国以政而政可通于天下,玩《传》则不错。身以言、行、动言,心以所持之志言,意以偶发之念言,知以知是知非言。俗解于心、知两字全不分晓,但云心者身之主,此是宽檐大帽语,直当不曾说。有以统性情之心言者,则是心之全体,知与意皆在其中。有云心是虚灵之觉体,既是知不是心;且比虚灵之心有何不正,而须正之?则此心字以志言明矣。正其心,常持其志使一于善也。知字(是)〔只〕说是昭昭灵灵的识,又何以致之?且此昭昭灵灵者,心意之所共有,不尽属知。圣贤之学,其于知也,止以知是非为大用,原不要他明光偏照,如释氏之般若。致知者,析理之是非,无毫发之差也。故必格物以因事辨理,而后是非昭著;是非昭著,则意之方动,其为善为恶,无不审而知所慎也。此解最明，当详辨之。〇正心诚意是自心密用，非学所及，故以物格知至为知止，是可尽力以学事，意诚以下，自得之功，故以为得止。大抵大学之教，以《诗》《书》礼乐为功，而格物致知，自诚意以至平天下，节节俱要，故《注》以此为止至善。

传首章

曰"释明明德"者省文也，实云"释大学之道在明明德"，又以释明德为新民之本，故曰"自明"。自字对天下国家言，此原不释德之何以明，止见大学必极致其功以自明其德，而明德自明于天下。其所以明之者，如尧之"钦明"是正心诚意，"文思"是格物致知，"允恭克让"是修身，要皆以之明其明德；而"睦九族"则家以齐，"平章百姓"则国以治，"于变时雍"则天下平，要皆自明之德克尽耳。余二节仿此推之。〇举三帝王者，以其皆明明德于天下，而根本自明，见学者必以格致诚正修身明其明德，而后推以及于天下。〇此章"自"字引新民，下章"用其极"引至善，是朱子所云血脉贯通处。

传二章

汤之节　人之身心，一念放下不用功于学，则有生以来所见所闻流俗之习气相引而入于利欲，此即是旧染之恶污。一事有一事之理，一物有一物之理，格致诚正以尽其理，则终身为之，日有所进而其德新矣。言新之义如此。有将桀、纣污染，汤、文洗濯〔言〕者，乃治道语，全不相干涉，且汤岂受桀之污而为恶者乎？

康诰节　“作新民”，本诸身之德以教之，慎于德以立政而治之，使兴于仁让之谓。

诗曰节　“新命”无工夫，但自新以新民，则国家皆昭明而兴治，有新之象焉，乃为天所佑，而国以兴。亦不当泛及受命革商等语。

是故君子节　君子之道如此，故学者必如此。

传三章

邦畿节　侯国之入朝贡而来者，是“必至于是”土著之人不徙侯国，是“不迁”。

缗蛮节　黄鸟必周翔顾视以求邱隅之安，学者必审至善之所在而求〔至〕之。较前节多一“知”字意。

穆穆节　“缉熙”是明德至密无间之功；此二字要紧。有此缉熙之圣功，乃以见之事为，无不慎而皆底于至善。仁敬孝慈信，内有以尽乎〔身心之安，外有以尽乎〕天下国家之理，此明新合一之至善也。○仁敬孝慈信皆极其至之谓止。○有提“敬止”敬字作主者，乃小注因程子教学者以主敬，而遇着敬字便扯着凑巧。不知敬字在此章引《诗》之意，原不要紧。

瞻彼节　“道学也”等句，切不可但作释《诗》解。“道学”者，道其学之至精，已切而又磋也。“自修”等句皆然。正在《诗》所言上见其必止于至善之功。○“恂慄”是战兢恐惧意。恂字音俊者见《庄子》，惧也，不可作学修自致之美说。“威仪”亦自有工夫，如“君子不重则不威，学则不固”，固有学修而不洽其威仪者矣。学是格物致知，自修及威仪是修身。自修以言行言，威仪以动言，恂慄是正心诚意。虽不必板分,而自脗合如比。○时解有以恂慄威仪应敬字者,尤谬。

传四章

有以听讼为末,无讼为本者。无讼止是新民,不可云本,固已。其以无讼为末,使无讼为本者,亦不是。听讼亦以彰善瘅恶,不可谓非新民之事,使无讼亦只是新民之极致,不可云本。须知在此章以下,俱是讲三纲八目相因之理,不可滞分实帖。大畏民志,而民之志大畏,则亦是末。若云君以明德大畏之,则明德以畏民故而明,岂不是顾末失本?此章俱是止讲有本则末自应,本在言外。乃民所大畏者方是本,“使”字亦自然而致,不可分何句何字是本,而何者为末也。“此谓知本”,既非赞孔子之言,又非谓大畏民志者以知本。乃由此思之,则知新民之必有本矣。

传六章

可笑数十年来一班吃没事饭人,争慎独在致知前、在致知后,如两盲人争路,一个说东,一个说西,不知东西皆可走,但汝没眼,靠一边倒耳。若说在致知前,则已能诚意,何待致知?若说在致知后,则岂致知时任其意之恶而不慎,直待知致后方去慎独?《经》云“知致而后意诚”,非云致知而后诚意,其谬在误将“先”字作“前”字解,恰似今年且致知,明年方诚意一般。其蠢至此,可笑可恨。不知此慎独工夫,知未至之前亦然,致知以后亦然。知未至以前,岂可任其意之横行!惟既有事于慎独,而知未致,则有不能尽慎者,亦有慎其所不当慎者,故必致知以审之。故《经》云“欲诚其意,先致其知”者,欲诚其意,则已在慎独上用功矣;既致知矣,而慎独自别有加谨之功,则不可以知已致而忽于慎。且知无尽者也,愈致而愈精,则慎独之功愈加密。故致知诚意俱是通梢一样工夫,格物正心修身无不皆然,有何前后之有,而盲人独相争不已,岂不哀哉!

所谓诚其意节 “所谓诚其意者”六字,是通挈一章之词,与“所谓修身在正其心者”同。“毋自欺也”连下“如恶恶臭,如好好色”十二字是一句,言其毋自欺必如此其至,然后可以自慊。“也”字与“舜禹之有天下也”“君子之事君也”〔也字〕同,乃起下之词。不知那一位盲人,将“毋自欺也”连上出题,遂至狂惑,将“也”字应“者”字,以“毋自欺”作“诚意”注脚。若遇盲主司如此出题,没奈何依他。若全节则必依正解,不可割裂悖理。○“自欺”“自慊”二自字,兼心与知而言。盖此章上通正心,下统致知。心之所欲正,既是素志所秉,为立身行己之主,知之所致,亦分明在心自信为已得之理;而意之妄动,则有心之所不欲,知之所不昧者,皆欺也;恶恶臭,好好色,自心素定,而至前便知,皆所谓自也。乃此章上通正心处多,下连致知处少,俗解专在〔致〕知上说,失之矣。○欺者凌压之谓,如强臣欺君,悍仆欺主一般,全不照顾,任其恣行。自欺者,任意而行,使其素志不能自伸,所知者不能行也;作诈字解者非。○但是触物而动即为意;自初起念,直至为善为恶之成,皆人所共知,亦是意为之。独者,意之初幾。慎独乃是诚意及早下手工夫,不待着见而始慎。诚意之功在慎独,不可以慎字当诚字,独字当意字。恶恶臭,好好色,一见一闻,便欲去欲得,亦是最速之幾。

小人闲居节　此一节只是借喻，以见意之所系甚大。时解横生葛藤，说小人自欺，又说小人欺人，都是摸篱摸壁语。小人有何自之可欺！若云其欺君子，则向使小人于君子之前全无忌惮，如今人对人自夸会告状、会包揽，又岂不是目无君子而欺之。“见君子而厌然”，是他本心不自昧处，“掩不善着善”，是他知有善不善之明，只是他任意横行，便心之不昧、知之尚明者，皆成无益。可见欲正其心者必诚其意，而致知者乃以求意之必诚也。○“诚于中”诚字，止是实然之意，对虚字，不对伪字，原不讲到伪不伪上，正心只是所志者立个大纲不使邪，到意上方实实落落为善去恶，在事物上决择，令所欲正之心有其实，而充满笃实，纯一于善也。

曾子曰节　“十目所视”，是人知得分明；“十手所指”，指出他为善为恶之情而目言之。○“其严乎”文义与“其恕乎”同。严字是好字面，言当如此而严持之，亦慎意也。此节亦只发明意之最重，不可将小人入讲。上节原不要紧，此为欲正其心而致知之学者〔言〕，非以斥戒小人使之改也。

末节　“心广体胖”只是带出意与身心相贯通处，广未即是正，胖未即是修，凡此类皆不可死煞分贴。

传七章

此章止发明身心相应之理，第八章止明身家相关之义，第九章止明家国一理，第十章止言治平所同之道，未尝实在正修齐治平上着工夫讲。此章所言“不见不闻不知味”，未是身不修；见闻知味不可谓之身修，但言身必以心为主耳。下章“知子之恶，知苗之硕”亦不可谓之家齐，意亦同。〇此章一气直下，前一节分一段不得，原不分上节言正心，下节言修身。盖谓有忿懥等则不得正者，〔心〕不在于视听食，必且不见不闻不知味，知此则知修身在正其心矣。〇忿懥等四情，人所必不能无，有之何尝不正，此但就以此而不得其正者一边说。时解有云“有所”，所字不好，乃和尚家胡话。若无忿懥之所，则又何忿懥之有！此乃言意累其心，使心不正，故下一“则”字。不得其正非不正，乃欲正而不得耳。此章跟意来，第八章言好恶，跟心来；第九章言一人、言藏身；第十章言老老、长长，恤孤，俱是血脉贯通处。〇“心不在”，说玄说妙，即与上文不接。“不在”者，不在视听食耳。心不论在不在，只论正不正。此“心”字，乃好善恶恶之本志，非知觉之灵明。知觉之灵明，致知之知也，旧说俱暗昧。〇大要此二章只可活看，与“孝者所以事君也”三句只讲家国一理同，不可说那几句是心不正，那几句是身不修。此章未尝实说身不修，下章未尝实说家不齐，只言心不正身不修，而不修不齐之理自见矣。

传八章

“辟”是拂戾而悖道。言不以理，行不顾义，动不中礼，身不行道，使人不以道，俱是辟，只此便是身不修家不齐总领处。齐家自有教家之道，至下章孝弟慈始见，此但言身之所行，必家人之所受意，发明家与身相关之理耳。〇二“故”字乃所以辟之故，以不知美恶故辟，非由辟故不知美恶。盖言由人之多辟，而知天下之鲜能好知恶，恶知美也，其失在好恶不正上，跟正心来。

故谚节　此节即上“故好而知其恶”三句意，不可分上为身不修，下为家不齐。○“贪得无厌”，意亦不轻，此又带出不修不齐一大病源处。身为恶而家人化之，不仁不让，大抵皆贪利使然，故下(意)〔章〕以贪戾并言之。

传九章

家之通于国者教也，国之通于天下者政也，故此章言教，下章言政。○“孝者所以事君也”三句，固是家国一理，然孝弟慈所以教家，事君、事长、使众所以教国，亦须分贴。○国有臣有民。事君事长兼臣民之教，使众则以教臣者，但民亦有主伯亚旅相使之事。长是长吏。

康诰曰节　此节言慈子之道不待学而能，则使众之道亦不待于使众学之，但以仁爱为风尚，则慈生于心，自能保民而不伤，一推广之即得耳。○“心诚求之”，慈故能求，诚字是文理须然。俗解有扯“诚意”诚字，是摸篱摸壁话。

一家仁二节　此二节总言教家教国皆以修身为本，身修于上，则以此教家而家齐，以此教国而国治，其理一也。仁让言一家，贪戾言一人，互文见意。一家仁让由于一人仁让，一人贪戾则一家皆贪戾矣。紧要在一“机”字。机，弩牙也；其拨机动处喻身。机一发而箭去，必由近以及远，而抑必无中止之势，喻自身而家而国，一齐穿过，不分远近，无所不至。尧、舜、桀、纣，皆机一动而仁暴速效于民也。○“求人非人”者教也，喻民之从教者也，“人”兼家国而言。○“藏”字对发字言。教，其所发也；身，其所藏也。○恕是推己所有以及〔人〕。己无有则无可推，徒责之人，曰不恕。不可以急“求人”“非人”为不恕。

其仪不忒节　为父子兄弟者，淑人君子也。言“足法”，则有教众意在内。“宜”亦是我宜之，皆所以齐家之本。

传十章

此章所言治国之道。时文开口便说天下者，非也。曰“得国失国”，曰“此谓国”，初未言及天下。盖以言国与天下所同然之理，治平一致之道，则言国而天下在其中。若平天下，自有命德讨罪、省方问俗、柔远能迩之政，皆可不言；亦犹第八章不言教家，第九章不言散财用人也。○讲章有理财用人之说，时文因之，正与《传》意相反。再三申说，止要人主不以理财为务。理，治也。若留意治财，则是外本内末，为失国而致灾害之大恶。“生财有大道”一节，以明即以财言之，亦自有不务财用而自足之道，原不要紧。甚矣，讲章之悖谬也！

所谓平天下节　“不倍”是不背死者而虐其孤幼。○“是以”二字项上文处，时解添许多转折，愈不分晓。有云养之而后能教之者，大谬。《注》意分明，愚者不知耳。家之理可通之国，则国之理可通之天下，一也。本身以立教，则国人之心自感，则本身以立政，而国与天下之人心皆得，一也。内取诸心，而天下之理皆存焉。苟得其理，而天下之心皆获焉。此是执一矩以该远迩之道，其要则好恶而已。教亦此好恶，政亦此好恶，絜度国与天下，止此一矩，故曰“人心之所同”。

所恶于上节　此节推开，总论絜矩之道，言上下左右前后，无不可以己心之好恶为矩而絜之，则君之于民，必以此为道，审矣。○“前后”，如旧令尹新令尹之类，“左右”，则与为列而同事者。○此道，凡人凡事皆然，而君子之于国与天下，则上下是也。不宜将下事上及前后左右说到平天下〔上〕。

乐只君子节　此节言得众。民以为父母，则众无不得矣。有将“此之谓”三字作必如此而后可谓解，乃下节“不可以不慎”意，与此(意)不相干涉。

节彼南山节　此节言失众。○“瞻”不是好字面，尹氏不道，人所共见之谓。○“慎”者，防众之失也。“辟”，偏任己情，不同之于民也。“僇”，辱也，与戮字不同。

殷之未丧师节　此节言得失，且就得众失众上讲。“康诰曰”节言得失，乃言善不善，善不善，得众失众之由也。“君子有大道”节乃言忠信骄泰，则又善不善之枢也。一层深一层，须得本文次第说之意，不可急于前二段说煞。

先慎乎德节　此下四节皆言拂民之好恶者莫甚于务财用。如俗讲所云理者，若要理，只是聚敛。故治平之道，唯以不言财为本。○“德”字，《注》云“明德”，亦太疏远。明明德是君子自尽其性事，虽天下归仁，而不可云“此有人”。明明德在格致诚正，与人土财用何相干涉？且明德止可云明，不可云慎。慎乃谨持而不使骄泰之谓。此德乃清心寡欲、贱货贵德之德，故其效亦止于人、土、财、用之皆有而已。

外本内末三节　一节紧一节。“外本内末”，止以财用为务；“争民施夺”，亦止民自相夺。“财聚”则算计周密，民不得有逋欠而聚于上，民不止自相夺，而逃散矣。“悖入”则横征加赋；“悖出”则篡弑夺攘，劫其府库。○“财散”者，民各有其财之谓，小注有鹿台、钜桥之说，非也。“财散”非散财。非武王承纣之乱，那得有财散与人！

秦誓节 “其心休休焉”二句一气。“其如有容”,乃以状其休休之心。此以“有技”“彦圣”未至前言之。心气平和,无矜己自用与物相竞之情,是休休;虽未有所容,而常如有容,虚己以待贤也。“实”,是也。此则贤才至前,果能容也,与上“有容”相应。亦有慕贤而贤至,则又好之不笃者,故以能容信其始终一致。○“不啻若自其口出”,谓不但如其所言也,其称道荐扬之者已极其至,而心好之,尚有言不能尽者也。

唯仁人节 “此谓”双顶爱人一边,以前段“若有一个臣”“尚亦有利哉”,则是举而大用之,后段《秦誓》未言逐,故特为补之耳。时解专顶放逐,云以恶全其好,巧说,于理于文俱不当。

君子有大道节 得其道则善,失其道则不善,乃天命人情得失之本,故曰幾决。忠信乃絜矩之体,絜矩乃忠信之用。存之于心曰忠信,以忠信施之于物曰絜矩。有云大道为絜矩之道者,非。

生财有大道节 “则财恒足矣”,说得容易,见不必更求生聚之法。○“生之者众”,民自生也;“为之者疾”,民自疾也。但使民有暇日,则自众自疾。食寡用舒,止是节俭,原不有求而得。○吕氏注亦只是大纲如此,而不尽于如此,固当大概虚讲。

孟献子二节 此二节,讲章云理财由于用人者非,乃唯不好利则不用小人也。以欲聚饮故用聚歛之臣。“必自小人矣”,言必由用小人也。“彼为善之”句要紧。以好利,故以小人为善。如献子云“宁有盗臣”,岂善之而使为国家哉!大抵此章以不好利夺民为要,民之所好止是财耳。○上节“不以利”二句以理言,为国不当以利为利,而必以义为利,得国得命之本也。下节二句以利害言,言国之得失,唯义斯利,而利则害也。

中庸笺解

〔明〕王夫之

一部分为五段。第一章总论大要，以静存动察为体中庸之实学，上推其所以必然之理于天，而着其大用于天地万物，以极其功效之费。自“君子中庸”至“唯圣者能之”，辨能体中庸之人。自“君子之道费而隐”至“哀公问政”章，广陈中庸之道。自“自明诚”至“其孰能知之”，言能体中庸之人，备中庸之道者，惟其德。末章又总论之，示学者由动察静存而深造之，则尽性至命，而上合于天载。第二段步步赶到圣者上，第三段“鬼神”及“问政”章归本诚上；第四段“大哉圣人之道”章言至德，“仲尼祖述”章言〔小德〕大德，皆归本德上。此一篇之脉络也。

天命之谓性章

本文自天命说到教上，顺理以言之。其立言之意，则自教推原到天上去，以明修道之教，本以率性，而所率之性，乃天之所以为天而命乎人者，故修道者不可但于事为上求合于道，必静存以体天理不息之诚，动察以谨天理流行之机也。此章分二段，皆言以人合天之理。前三节自天命说到道、教上，以明性命于天，必修道以率之，理之本然即为功之必然。后二节自性情中和之本体说到位天地育万物上，以明能率性以修道，则固有之本体必极乎皆备之大用。《注》自“盖人知有性”以下，乃朱门后儒据祝氏本编入，若朱子原本则不然。若依祝氏本，与下文全不相贯通。

且一部《中庸》，并无与异端辨性之说。此三句是一篇大纲，如何与后面全不照应？况云“人知己之有性而不知其出于天”，尤说不去。人惟不知有性，知有性则无不知命于天者。即如说食色是性，亦是言甘食悦色之出于天，断无人说性是人为之理。而时文专以此意翻驳，直顾奴失主也。今录朱子原注于后：“盖人之所以为人，道之所以为道，圣人之所以为教，原其所自，无一不本于天而备于我。学者知之，则其于学知所用力，而自不能已矣。故子思于此首发明之，学者所当深体而默识也。”

依此注，则理明而文义贯矣。○“天命之谓性”兼人物言。○程子(备)〔借〕中庸以论道，须如此说。若子思本旨，则止说人性，何曾说到物性上。物之性却无父子君臣等五伦，可谓之天生，不可谓之天命。至于“率性之谓道”亦兼物说，尤为不可。牛率牛性，马率马性，岂是道？若说牛耕马乘，则是人拿着他做，与猴子演戏一般。牛马之性何尝要耕要乘？此人为也，非天命也。此二句断不可兼物说。○教字与学字大要同，所以为学之法即教也。“圣人立教”亦非本文之意，看下文及一部《中庸》便见。时文又添个“先王”，愈谬。礼乐刑政固亦是教，而此章所言之教，即下存养省察之学，所谓由教而入也。是修道，不是道之散见者。时文有云“作君作师治国平天下”等语，全不顾下文，不可从。

道也者节　“道不可须臾离”，故修之者不可须臾忘。若应事接物时则有，不睹不闻时则忘，则当其忘时，既以违道，而应事接物之道亦似道而非道也。“是故”二字紧顶。乃其所以必然者，则以道以率性，性不因形声之有无而不存于心也。

莫见乎隐节　“莫见乎隐”二句，乃言自心中显见，不可误作十目十手指视说。此必有存养之功，方得莫见莫显，玩《或问》则知之。○见显止是是非分明。“暗处”乃心幾动处，尚未有善恶全局了了意中。“细事”是觉得无大得失，不妨游移。○此上言君子知道之率于性，而为天命所时与人陟降者，故其修之之功必如此其密也。乃由理之当然，知工夫之必然。

喜怒哀乐二节　言性情本有中和之德，以具众理、应万事，故能存养省察以致之，则其功效有周偏乎天地万物之大用也。乃由工夫而及功效，特溯其所以然之由于性情耳。○有谓慎独后乃能中和者，谬。存养省察乃致中和之功，非以此故而中和。然说中和为人人皆然之德，则又可疑。凡人皆有情未发时，而岂可谓之中乎？此二句须添数字衍之方明。盖言此性之存乎喜怒哀乐未发之时者，则所谓中也；此性之发而为情，能皆中节者，则所谓和也。以性情之本体同然言之，既不专属君子，亦不概指不修道之凡人。此亦“性之谓道”之意，而前以道言，此以德言为异，故又须从性说起。○程子谓此中字是不偏不倚，无过不及意。盖四情未发，无过则无无过，无不及则无无不及，其全备万物则不偏，不因事物而有则不倚，故谓之中。○和者，应事接物皆适得其宜，不与理相乖，不与物相戾也。喜怒哀乐之未发，与不睹不闻不同。不睹不闻以事物未接言，未发以己之所以应物者未出而加物言。彼所言者，道之常存于心，此所言者，德之可被于物也。○“天下”二字，随所用而异。有以天下之事言者，有以天下之人言者。“天下之大本”，天下事之大本也。“天下之达道”，己所以成天下之事、待天下之人之达道也。

致中和节　“位焉”“育焉”“焉”字，不当以“矣”字代之。言“矣”，则以瑞应言之。《中庸》讲到配天处，亦不言及景星、庆云、麟游、凤舞等邪妄之说。且言“位”者，岂无致中和之君子，天地便翻覆？育，养也，人育之也，非自能畅茂之也。“位焉”“育焉”。言君子皆有以位之育之也。“位”者，裁成辅相，以成其覆载生成之本职；“育”者，各得其所，无暴殄之伤，而全其才以成其用也。此以中和之大用言，谓之功效则可，谓之效应则不可。○凡言天地，皆以神化言，不以穹然在上之天、积土在下之地言。○自第二章以下至十一章，皆以人之不能中庸者步步说去。自小人以至遵道之君子皆不能，而以“唯圣者能之”结之，“唯”字总顶，此一段之脉络也。○“小人”是自暴之恶人，“民”则不知有中庸之庸众。“知愚”“贤不肖”，乃欲学中庸而限于气质之偏，不能尽力以择执者。“索隐行怪”，乃用力择执而偏者。“遵道之君子”，则所遵者正，而不能静存动察以致中和者。历数之而皆不能，故曰：“唯圣者能之。”

仲尼章

此章乃大分别处。“小人”乃尧时四凶，与后世申、商、秦始皇之类。“反中庸”是立意要反，亦自有济恶之才，故能无忌惮，肆欲妄行。乃小人之心无忌惮，则做下许多恶事，以为政教，故于君子有静存动察之德而致中和之大用，天(德)〔地〕悬隔。○“君子中庸”，“君子而时中”，乃立一君子为标榜，以反形小人，见君子依中庸如此其至，小人反中庸如此其恶，且未实赞君子能中庸，只是提纲大概说。时文有“归中庸于君子，立君子以明中庸之统”等语，皆混话。

中庸其至矣乎章

此以凡民言之,虽不能中庸,亦不敢反,故归咎于世教之衰。“民鲜能”非谓尽人皆无能之者,乃谓尽天下之人无有一人能自拔于流俗而能之者也。○“至”字是极至意,与“圣人人伦之至”至字略同。民之德必以此为不易之准则。时解有“至平常亦至神奇”,于“至”字下添许多话,以“至”字焉歇后语,谬。

道之不行章

此“智愚贤不肖”,乃有志于道之学者,高出于民之上者。“智”是聪慧。“愚”是朴愿,“贤”是敏决,“不肖”是拘谨,偏则俱偏,而皆有可望道之质。“過不及”以发而不中节言,择善不精,固执不定,以至不能中庸。须知过非过于中庸;中庸无可过处,止有不及,但其所发而为事者有过耳。如仁则过于柔,义则过于刚是也。

人莫不饮食节　此“人”字以知愚贤不肖之欲明欲行者言,故“莫不饮食”。若小人,则饮非所饮,食非所食,凡民则并不饮食。“饮食”是在道上走的,故责之〔以知味〕。“知味”喻择善精而执之不固。

舜其大知章

此及“回之为人”章,立一择善固执之矩则,以明过不及者之所以失。能如舜,则不特知者知所裁,而愚者亦获其益。能如颜子，则不特不肖者可勉而企及，贤者亦不以志广而反失其恒。惟其不能，故不明不行。〇在此段只讲到智仁勇止，上面更有一层工夫在，存养省察以尽性立诚，则此所未及，乃中庸之次第。〇“用其中于民”其字，指所问所察，则“于民”乃用之以施政教于民，不当云用民之中。

回之为人章

举颜子者，以颜子为孔子所望明道之人，唯其能行，所以可明。〇“拳拳服膺”，是取所得之善体验之；“于心弗失”，是默识之而不忘。

天下国家章

此章亦与“道其不行矣夫”“人皆曰予智”二章意同，言明行亦必须勇，知则勇于好善而择之不倦，仁则勇于行善而守之不失，然非果能中和之大勇，则亦不能，故以下章正之，犹前举舜、颜之意。但此章不专言“白刃可蹈”，而并及“均天下”之知，“辞爵禄”之仁，则以天下之难均，爵禄之难辞，知仁中须带一分勇方能。故知仁勇分之则三，合之则以勇于择执为二，统之则知仁至而勇亦大为一，须活看知之。〇三“可”字与“不可”字相应。前三“也”字起第四句，言可均天下、可辞爵禄、可蹈白刃之人，不可能中庸，非四平语。小注添许多枝叶，言三者做得恰好即是中庸，是混话。可均可辞可蹈，安见其非恰好乎？能中庸者，自有静存动察之圣功，位天地育万物之大用，非但于三者求中也。“均”是制法度，使各得其分，如井田封建等事。

子路问强章

“衽金革，死而不厌”，亦是仗节死义者，非北宫黝一流人。

和而不流节 “和而不流”，“中立而不倚”，虽不妨在持己处人说，然自从大原大本上来，必致和而后能处人皆和，必致中而后能持守皆中。有云“和”易“流”者，非。“中立”岂易“倚”哉！“流”是喜怒哀乐，情一动而不能止，以失其节；“和”则适得其节而不流。“倚”是倚于事物，而所立以为本者不能常存；“中立”则心恒有主，而非有所倚。言中和则自不流倚，复言不流不倚者，以此见其强耳。〇此上六章言知不大、仁不至、勇不诚者，虽有志于明行中庸之道，而皆不能。

索隐行怪章

“索隐行怪”是异瑞。以此列于前三者之上，以“索隐”则亦勇于知，“行怪”则亦勇于行，其欲明、行道也亦极用其功，静亦若有所存，动亦若有所察；“后世有述”，亦明其所明，行其所行，可使有能中庸之才，异于性命之真理，故不为。盖老庄一流实高于过不及、不知味之学者，特不正耳。〇“索隐”病在索字，立意深求，不知率性之本然。“行怪”病在怪字。隐字无病。

君子遵道节 “半涂而废”与“不能期月守”不同；真不是后面改易而不遵，乃只做得前一半，将后一半静存动察之密功，致中致和之大用废下，不求其至。

依乎中庸节　“遁世不见知”，非以名位言，乃暗然、淡然、简然不著于外者，人不能知，犹夫子言“下学而上达”“莫我知”之谓。遁世，与世之好尚异而不求合也。○圣者之所以圣，待第四段方明，此但虚虚引起。知尽仁至，亦是赞其成德，中含一诚字未说。○前言“君子中庸”，此言“君子”，皆是言“君子之道”。“能之”方是“君子而时中”之极至。

费而隐章

自此以下至“哀公问政”章，皆言中庸之道，以申明难能之意。谓之“君子之道”者，君子以此道体中庸之全体大用也。要皆以发明道之本然，见率性中有此皆明皆备之理。不可及修道工夫，侵第四段。○一章皆是言费，而隐亦在其中，即夫妇所知能亦有隐在，非以天地、圣人所不足者为隐也。○自“夫妇之愚”至“人犹有所憾”，皆言君子所修之道；“故君子”以下及“诗云”节，乃言道体之本然，末节乃又收回君子之道上。唯道体本然如此，故君子所修者如此。○“君子之道”而圣人“不知”“不能”者，道日新而渐已明备，时未至，事未起，论未定，理未出也。若“问礼”“问官”，圣人求知而知之，非不知；“博施”本非道之所有，非不能也。○“憾”者惜也，歉也，人惜其缺陷也，与怨恨之憾音义皆异。“天地之大”以化育之神化言，非谓形体之无涯也。“人犹有所憾”者，非天地之有不足，乃其必待君子裁成辅相以利人之用，非可任天地之本然而即合人情者。若天不能载，地不能覆，则人要地倒在上以覆，天翻在下以载何为？寒暑虽正，亦非有君子之道以免民于冻暍，则亦是憾处，非但不正也。总之，言有憾者，以言君子之道能使无憾。○“天下”亦是以人言。“莫能载”，谓极天下之才能，欲全承载道之所有而无所遗不得。“莫能破”，谓尽天下之聪明，欲求一小事小物之间隙谓无当然之理不得。此言事事物物，无大无小，皆有至当至中之理也。

鸢飞节　“鸢飞戾天”一节多胡谈，说成一个恍恍惚惚最活的伶俐物事。其始之者剽窃禅机，时文讲章又剽窃其剽窃，说一片油腔鬼话。须知鸢飞之上更有无涯之天，鱼跃之下更有无穷之地，此但就人思虑所及，事为所至，两间化育之区宇而言。有物则有事，有事则有理。气机之流行，即有元亨利贞之天德，为仁义礼智之性体，有形有象之可见闻，即为知之所当致，行之所当力，明白昭著，在人之能察而已。“活泼泼”乃程子赞子思下语之妙，非谓鸢飞鱼跃之活泼泼也。

君子之道节　“造”，音皂，作也。“造端”犹言作始，若读作糙，解作行而至也，则与端字不接，文理已不通矣。道之本体既彻大小遍上下而皆在，所以君子之道必与之相称，始作于夫妇之知能，而直至于天地化育流行之大，皆详审而著明之。夫妇以与知与能言。近有一种胡说，言阴阳牝牡，可恨。

道不远人章

此章言尽天下之人皆道之法则所著，“素其位”章言尽天下之境皆道之酬应所宜，“辟如行远”章即日用之事为道之所极。○“道不远人”，道即于人而见也。天下之人人也，己亦人也，即此而道在焉。下三节申明之。人有人之情，人有人之理。远人以为道者，不求之于情理，而高者托于虚空，卑者滞于名法，皆无当于事理而不〔可〕行也。

伐柯节 此节言即人之道以为人之道。○“犹以为远”，譬如以此人之道治彼人，则犹远乎〔其〕人之情理。“以人治人”者，民则可由不可知，士则可使知之，中人以上然后可以语上，各因其人之才质也。○此节治人以教言，故曰“改而止”。

忠恕节 此节言即己之道以为人之道。以政言，故曰“施”。○“违道不远”者，忠恕所以行道者，非即道。小注因“一贯”章生许多枝叶，不知彼〔言〕“忠恕而已矣”。曰“吾道”，曰“夫子之道”，道字乃为学之方，非言道之本体，故尽之于忠恕，与此所指不同。○讲章有以忠恕通贯一章者，不通。前节及言治人之道，既不是施；以人治人，亦以见不以己治人。若推己所欲为而使人为之，则不使人人皆尧、舜不止，岂但改而止乎！所治者，在己下之人也。“施”则兼在己下与己等之人，故朋友亦可言施，但在己下者分数多耳。若下节君父兄长，其敢言施乎！事君事父，致身竭力，无所不至，岂但不愿勿施，即如饭疏食饮水，在己乐之，非不愿也，而可施之于父乎？推己即是忠孝不至，故知其说不通。

君子之道 四节于其行庸德也，“不敢不勉”，而必顾其言；其谨庸言也，“有余不敢尽”，而必顾其行；六句分作三段说：二句虚引起下，中二句是下工夫语，后二句是勉与不敢尽之心。“谨”言不敢尽，而必顾行，非是己未能便不责人，乃于言时操一反求躬行之心，自不敢高谈无实，要之只重行边。○“有余”，是所知所见为可极论而不穷者。○“君子胡不慥慥尔”，言君子之尽其道如此，则何一而不笃实，而我之未能，其能已乎！非但赞美君子。○“慥慥尔”犹言慥慥然，与“仆仆尔”尔字同。

素其位章

"素其位而行",凡所处之位皆有当行之道,道之费也。〇"不愿乎其外",即以不愿为道。〇"君子"亦是言君子之道。

素富贵节　"自得",得其所宜行者于己。

在上位节　"陵"者,山之渐迤于平地者,在上而不侵在下之职也。"援"是攀引在上之事而为之。〇"正己"是不愿外之道。

射有似乎节　此节以行而不得言,又进一意,言虽或失事理之宜,所行不成,亦唯即己而求之,不尤人也。

辟如行远章

"行远自迩,登高自卑",非用功于此,收效于彼之说;尤非教人行远当自迩,登高当自卑,不可躐等。若作此反挑,不特无其事,且不成话。此譬君子之道积渐而成,步步卑迩,即步步高远,理势之必然者也·"宜室家,乐妻帑,顺父母",日日如此,事事如此,人人如此,使一家和气翔洽,成大顺之体,不觉全乎孝友,雍睦于中;不可一事乖戾,如行逮登高之半涂而蹶。须如此说方是。〇二"必"字不是君子必要如此,乃事理之必然,君子不能违也。

鬼神之为德章

此言君子之道费,而赞鬼神之德者,以鬼神之德本如此,而君子之穷神知化以与鬼神同吉凶,及修祀典、尽仁孝以与鬼神相陟降,则皆共道之所察也。〇气中所有之理是性,其化育万物以与人相感通者是情，其推行往来以成物者是功，其昭著于上下而吉凶类应者是效。

视之节　以下三节皆以德言，非以鬼神之体撰言。“体物不遗”是其性情功效，“弗见”“弗闻”即指此体物不遗之德。

使天下之人节　此节以鬼神之感人于祭祀者言。须知无二鬼神，总是二气之往来以与物相接者。“洋洋如在”，其“体物不遗”之一端也。○“如在其上，如在其左右”，无处不流动充满，“其盛”也。

神之格思节　此节以鬼神之鉴观于人，行其吉凶者言之。“不可度”，无时不临，其盛也，亦体物不遗之一端。○二节皆于君子有事鬼神之道上，说鬼神之德。

夫微之显节　“如此夫”与“逝者如斯夫”语意同，是推开说道，而鬼神即道体，非以借喻，在鬼神上指出示人耳。鬼神之德如此；道之不可以形声求而无时无处不昭著如此；人之有事鬼神，不待见闻，而必齐明盛服以承之，时与昭格而不可射如此；君子之存养省察于不睹不闻，隐微独知，以立大本，行达道，成中和之大用如此，皆一理也。“微之显”，言道体之所存即所发，“诚之不可掩”，言实有其德则必见之功用而极其盛。○此“诚”字初见于篇，即“哀公问政”章诚字。鬼神实有此极盛之德，是天道之诚；人之实尽敬、实不射以事鬼神，是人道之诚。道之实有不可须臾离，必见必显者，天道如此。君子之实存养于不睹不闻，省察隐微者，人道如此。总之，《中庸》诚字对虚字，不对伪字。天道固无伪不伪，君子之诚身亦不但不伪而已。此处要分明。

舜其大孝章

此下三节言君子之道至于格天受命，制礼作乐，合幽明于一理，成帝王之大业，皆备焉，所以为费之大，而其所以然者则隐也。○此章只以大孝为本。大孝自以怨慕、齐栗、顺亲、允若言。“德为圣人”以下，皆孝道之所致。时文以“德为圣人”以下五句为大孝，云为圣人之父，天子之父，与下文相反者，不通。然以“德为圣人”句应“必得其名”作效，于理既非，且下言“宪宪令德”，非言(效)〔孝〕而又牵扯武王尽孝，亦是葛藤。须知此有三层；大孝是一层，德是一层，尊富飨保是一层。大孝则孝德大而和顺积中，圣德以之大成；圣德著于天下，乃以格天而受命。前“故大德”，须云以大孝而为圣人，故必得位、禄、名、寿，双顶顺说。后“故大德”，但自德为圣人、人民皆宜上说，不须牵扯孝上。○“名”者，天下之士悦之，玄德升闻之谓。

无忧章

此章历叙周家世德之盛，以见道之费。“忧”者，思虑不安之谓，如武王之不贰尔心，周公之坐以待旦，皆所谓忧也。言文王无忧者，见世德之积累，可以无忧，非文王之未备乎大业也，而上承父作，下启子述，则道亦在焉，非文王之德，则亦无以绍先业而起后功也。按竹书，王季已受西伯之命，天下已渐归周，故日“父作之。”

次节　武王之格天受命，名位两得，道之盛也。

三节　周公之成德制礼，仁及天下，道之盛也。

达孝章

“继志”是前人所有志而未为,“述事”是前人所已行之事而推行之。“修其祖庙”二节,文王以前已行之礼,但未详备耳。“善述”则礼无不洽矣。化侯而王是邪说,不可入讲。

春秋二节　近日忽有一节时享、一节袷祭之说,《说约》以为秘宝,直是不通。“祖庙”“宗庙”,错举成文,原无分别。后以禘、尝俱为宗庙之礼,未尝以宗庙专属禘、袷言。春秋亦兼冬夏在内,袷祭亦在春秋,当其时亦荐时食,非但时享为然。“序昭穆”,则虽时享,宗人亦与祭,以《仪记·馈食》推之可见。即以本庙之子孙言,亦七世中自有昭穆,岂但袷祭序之!二节一言尊敬,一言爱亲,自有明文,(特祭)〔时享)袷祭皆然。半夜争被之陋,不可从。

宗庙之礼节　“旅酬下为上”,《礼》所谓“媵爵”也。将行酬,则使二子弟取爵自饮,而后别实爵致尊者之前,使行酬也。酬者,自饮以劝人。○“燕毛”非不序昭穆而但序齿。燕必有宾,特此一人不拘世次,使年老者为宾专此燕耳。

践其位节　上二节是制为有定之礼,此节乃奉而行之。“践其位”,自主君以至助祭者,皆有定位。“践”字有不敢跛倚意。“其位”“其礼”“其乐”三其字,谓所当践、当行、当奏者。“敬其”“爱其”二其字,乃指先王。有云“践天子之位,推功前人,前人虽无此位而志在此位”,胡说不可从。且天子诸侯之祭,皆位在阼陛,有何异之有!

郊社节　“孝之至也”已结上“夫孝者”意。此节又推言之,虽亦仁孝之为,而不承上。此又推而及于郊社及禘,无非见松之明备,以明道之费,故又推其义于治国,以见礼之用如此其大。

○"治国如示诸掌",《注》云:"与《论语》同",其义甚深,乃幽明一理,仁至义尽,无不合符之意,当与《论语》细求之。时解亦扯易侯而王,邪说也。

哀公同政章

此章之迷误,在错将"文武之政"四字作法祖说,不论何句,俱以文武插入,至"诚者天之道也"下,方扯不动,方丢了别讲学去,首尾不接,不通莫甚焉。其病在开门见山之胡说,令人狂惑。不知"文武之政"二句,是撇开不论之意。盖谓若"文武之政",则"布在方策",有现成条目,公可勿问,我亦可以不言,但须知何以文武存而举,文武亡而息,虽有方策,人不能行,则唯不知敏之者在人之道而不在政,若政则一举即行,犹蒲卢之易生,何难之有!此下便极言"人道",不言政矣。此"人道"二字,自仁义礼推之智仁勇,又推之好学力行知耻,而总之以一,一者诚也。此"人道"即后"诚之者人之道也",首尾原是一意。先虚言"人道",而步步详求其实,只在"择善固执","己千己百",皆人之为。人所以为道而敏政者在此。只如此看,方明。不知此,则段段乖错,不成义理。讲章时文黑暗数百年,天下秀才无一通文理者如此,可笑可叹!○"人道敏政",言"人道"功用之大,而为所当修;"夫政也者"二句,言政之易敏,自相承以下句找上句。有云"而况文武之政,尤其易敏"者,不通。"修身以道"之道,人道也。"修道以仁",带义礼在内;专言仁者,是《中庸》文法如此。可云义(理)〔礼〕以仁为本,以曲成全文。○开端以仁义礼为人道,乃人五达道中所固有之理。"亲亲"该父子昆弟夫妇,"尊贤"该君臣朋友，礼则通于五伦者。仁义礼是人性中所有之理，知仁勇是性中所具之良能，知仁勇所以行仁义礼者也。○“仁者人也”，言天地生人，而人所以酬酢乎人以与俱生之理，由有此仁，故仁民爱物而以“亲亲为大”。“义者宜也”，言事物之则，而为心之所安者，由有此义，故处事接物之皆宜，而以“尊贤为大”。“礼所生也”，言人自有此不紊之等杀，而等杀自此而生也。○仁义礼之仁，乃爱之理，知仁勇之仁，乃心之德。以无欲而敦笃于守言，不通。时文于仁知勇及力行近乎仁，云“臣前云修道以仁”，胡说至此！○“故君子”一节，言人道本自如上文所云，故君子必修此以尽人道而敏政。其相承之序，是《中庸》文字如此，实则言皆不可以不修也。只依《注》为正。若句句相承立论，乃作时文怕不得文闹热，莫奈何求巴鼻，拙者任为之可耳。此只论理之当然。修身、事亲、知人、知天之工夫，则在知仁勇、好学力行知耻，故下文云“知斯三者”云云。切不可于此下工夫语。○“事亲”即是“亲亲”，不专指父母。

达道五节　“天下”以人言。“天下之达德”，言人人固有之良能。仁义礼是天所立人之道，知仁勇是人所受才于天而可以修道之人道。虚喝“一也”，要归诚上，此一章之脉络。“所以行之者一”，知仁勇也。诚知，诚仁，诚勇，知仁勇乃行。

或生而知之节　此节只是发明三者为天下之达德，见生安、学利、困勉，皆可知可行，由人人有此达德，但争敏钝耳。○此二“一也”，与“一也”文偶同，不可混作一样解。○此以明知仁勇之为达德。知属知，行属仁。不言勇者，勇非他，即勇于知行也。后面“学问思辨”是知上工夫，“笃行”是力行工夫，五者“弗能弗措”，“己百己千”，是勇工夫，亦以勇双承知仁。○只是发明三者之为达德，而注以生安属知，学利属仁，困勉属勇，又以此节前段属知，后段属仁，下节属勇，未免葛藤，不切本义，可勿从；且与夫子言“仁者安人，知者利仁”，显相违背。

好学节　三“近”，乃由此而至之谓，与“违道不远”同。知仁勇是性中之德，此乃复性之功，不宜说作勇之次。

知斯三者节　“知所〔以〕修身治人”，即以好学力行知耻修治之，此是人道下手工夫。“博学之”以下，皆言“所以”之实。

凡为天下节　此下三节是博言政之所举，倒在“所以行之者一”上，文虽详而皆非着实语。见得那一件不要诚知、诚仁、诚勇做得？要之，皆递下语，不可着煞讲，言当行此九经之事，以收九经之效。有“所以行之一”，则事自实行，效自速至。时文扯文武，扯方策，无关脉理，只是乱道。○九经虽说尽政体，乃至齐明盛服节列下条款，亦只是约略言之。若方策所载齐明等事，每句每字俱有许多实在作用，不仅此也。故此言“经”而方策言“布”。

齐明节　“尊其位、重其禄”二其字，指诸父昆弟。“同其好恶”，乃我之好恶推以同之，非诸父昆弟之好恶亦好恶之。诸父昆弟不必皆贤，其好恶岂可同哉！○“远人”是侯国之宾，不及商旅。“嘉善矜不能”：古者聘问之使，若不知礼，则薄其燕劳，甚而拘执之。“矜不能”者，宽之也。

凡为天下节　再言“凡为天下国家有九经”，总括上三节做一句，以见九经之易行而不可徒行，全倒在“所以行之者一”上，足知时文于上节句句责成哀公，如去谗“君其去之”云云，真是不通。须知此“一”字不是一件，非九经博而所以行之者约也。何物何事唤作诚，诚者无一不诚也。“一”字是一样之意，犹言无所不用其极，无一不诚则一于诚也。

凡事豫节　“一”是诚，“豫”却不是诚。后云“不明善不诚乎身”，则此豫是明可知。明则事未至而豫明之，诚则彻始彻终无不尽之实，非豫也。“前定”只是前明其理以待用，如“言前定”，岂豫拟如何说以应之哉！若人不若此问，岂可以此答之！○“所以行之者一”，而能以一行之者又在豫，是两层语，大抵归重明善，所谓“明则诚”也。

在下位节　此相承处，亦是《中庸》文字如此，实则“不诚乎身”，君民亲友无一而可意，此不可，彼亦不可。必须活讲，不可死煞在句句上着落，如云“不获上则民不治”，不可找〔煞〕说“欲治民者必须获上”云云。

诚者节　“天之道”，言天之所以立人之道而人性中固有之天道。若论本原，固是二仪五行流行于品物、各正性命、一真无妄之理。然在此处，则止就人之天道而言。盖天之所以命人，即人之所以为天，而天之命即人之性，故曰天道。“诚之者”，则自人极用其心思耳目以求复于所性之理，则在人之实用其功，故曰人道；而所恃以行达德尽达道举九经者，皆在于此，则所以敏政者也。在天之德无有不诚，则不可谓天为诚。诚原与不诚相对，在人始可名之曰诚，亦须落在知仁勇上，诚仁，诚知，诚勇，谓之诚身。仁义礼固然之实性，则在人之天道也。“诚者不勉而中”云云，言性中之仁义礼，充实足乎大用，一于善而不待择，自然执中而不待固，乃率性自合乎天，不倚于修，故亦谓之“诚者”。要之，天道一层是从根本上引起，倒从人道上，以结人道敏政之意。

博学之节　“慎思”是谨而不怠，下云“弗得弗措”，慎之至也。不可作勿妄思解。云“博”，云“审”，云“慎”，云“笃”，即有“弗能弗措”意，不宜分学利困勉。

果能此道节　上二节是言择善固执,须如此用功。“果能此道”方落在人身上说。“此道”道字,即人道也;人自有此好学力行知耻不自怠而中止之道也。明强则诚至,而政可敏矣。

自诚章

自此章至“其孰能知之”,皆言能中庸之人所以能体中庸费隐之道,以终“唯圣者能之”之意。圣者有二:一则所性而安。为“诚者”,一则由教而入之君子,为“诚之者”。所性而安者,全体天道而合于天;由教而入者,克尽圣功而合于圣,则亦圣者矣。故天道人道相间而言之,言其合也,大指则归重人道。故于此章始分言之,继合言之。○“谓之”云者,言所谓性者,自诚明者也;所谓教者,自明诚者也。性者,皆其性之所固有,而不待思勉克尽其实也。此教字亦学字之意。学所以求明,所明者即其性之实理,是教乃以由明而诚也。切须识得诚字,乃由中达外,笃实充周,不睹不闻,以至喜怒哀乐之已发,皆确然不易之定理,无有一理之不备;若有不足处,便有虚枵,则诚不至矣。切不可立一伪字相对。到此圣功上,不是与诈伪小人相较。

唯天下至诚章

自此章至“纯一不已”,皆以道言。“书性”,“能化”,“如神”,“成物”,“无息”,皆道也。至“大哉圣人之道”下六章,乃以德言。有其德方能尽其道,故谓非至德,至道不凝。“小德”,“大德”,“所以为大”,此《中庸》步步说入向内之次序。一“唯”字,有不易得至之意，言惟合天之圣，诚无不至者能之，则下此者不可恃性，而必由教以入。○凡言至诚章，皆归到天地上去，以见诚至则合天，故曰“诚者天之道”；言人道章，皆言与圣合德，以见尽人之道则圣矣。○至诚固是圣人，然不可以圣人代至诚，说至诚者圣人之德也。凡至诚所能者皆以理言，诚至则道自盛，须步步照诚字上说。每见时文一味赞叹功德，不知《中庸》赞叹圣人何为，浮词献谀，乃似道士玉皇诰一般，可厌可笑。○“尽性”以性之功用言，观下尽人物、赞化育可知。性之体存于心者，诚也。其功用则有仁义礼智之大用见于事业者，要皆一诚之理，为性之所必显。“至诚”则体无不充，而用无不备矣。○“尽人之性”，谓凡知愚贤不肖皆能使之各尽其才，以不失其恒性。○“物之性”，物之理也。其理，人所用之之理，物之才可使之效用者也，不可用鸟兽草木咸若等套话盖过。○“赞化育”亦就尽人物之性上说，化其不善，育其善，以助天地之功用于人物已生之后。○“与天地参”，是与天地之神化参。时讲有“天位乎上，地位乎下，人位乎中”等套话，可笑。○尽性则能尽人物之性，能尽人物之性则可赞化育。中著“能尽人之性则能尽物之性”一转，亦是《中庸》文字如此，莫奈何将人物相因作议论，然不可太说煞。若能尽物之性，则可以赞天地之化育。必须双项人物。

其次致曲章

“曲”乃一曲之善，非可云一曲之诚，诚则是全体皆真而无所歉。若其行能笃而知不诚，所行亦碍，不诚乎知则亦不诚乎仁也。其知虽彻而行不诚，则所知亦浮，不诚乎仁则亦不诚乎知也。故曰:“曲能有诚。”推致其曲以体备乎大全,德无不实,乃可谓之有诚,《注》云“曲无不致,则德无不实”是也。〇“形”是成了一个模范,在言行上见;“著”是见之于礼乐文章;“明”是使人皆得见之,而道大明于天下;“动”是感动人心,“变”是因感动而革其旧染以向于善;“化”是人习于善,自乐为之而不待教。此亦尽人之性到至极处,与至诚合。

至诚之道章

此章旧讲多茫昧,止缘不识“至诚之道可以”六字,及“故至诚”“故”字。盖谓惟其道可以前知,故至诚之圣人前知如神也。“诚者天之道”,实有其理,故修吉悖凶,皆不爽其幾,神之吉凶与己之喜怒刑赏合一,则吉凶自我出,而何不可知!其道本自如此。“国家将与”九句,皆言神之前知也。神唯诚有其理,则著之于象,而于祯祥妖孽蓍龟动容前,出其象以示人,而无不可先知者。今至诚之圣人不在祯祥等而前知之,则岂不与鬼神合其吉凶乎!“诚则明”,而其明则合于天之神也。有于蓍龟四体上说诚乃知之,是以诚为虔诚祈问之诚,说既陋甚,或将“善必先知之”二句割属下文者,则上五句无归宿,皆非。〇“善”“不善”止是吉凶。

诚者自(诚)〔成〕章

此章文义简明,而解者自生葛藤,遂令茫昧纷纭不已。其失处:第一,于“诚者自成也”句添个物字;其二,不知“自成”“自道”

自字,即下“成已”已字;第三,将“物之终始”物字作“成物”物字解。不知诚之为道,即知仁勇极至之谓。禽兽草木何能以之“自成”?“自成”乃所谓诚身成已之德也。一部《中庸》,何曾讲到鸟兽草木同此一理上?而此言“自成”,乃所以反挑“成物”言。若讲诚之德,止以自成。其“诚之”之道指择执,乃已自修之道,本非即能成物。使物皆成,以反激下“非自成已而已也”意。“物之终始”物字,乃事也。“成物”之物,谓人也,与“尽物之性”物字不同。“诚者物之终始”,言凡事皆彻底是一实之理,成始成终。“不诚无物”,是一有不诚则所为不成。故君子在已有必当为之事,则必择善固执以尽其实理而后已,乃可成。大意只是如此,明明易知,慎勿堕入棘丛。〇将“不诚无物”作无此理则无此物说,岂龟无毛,兔无角,天无两个日头,人无四双耳朵之谓乎!又岂虚空中不能忽然生出一个人之谓乎!其不成话如此。

非自成已节　此节乃从上段转下,言君子诚之之道固以自成,然苟能由明而诚,则亦诚者矣。理无不实,推行皆得,而所以诚物者皆得也。已既成而物亦成,则体用皆合乎天德,此与“自诚明”者之尽性能尽人物之性者,同其德也。“合外内,时措皆宜”,与至诚之功用齐矣。盖亦言人道之合天道。

故至诚章

此章言至诚所存,与天同其纯一,故所发与天同其广运。“无息”与“纯”,共是一理,犹天之“不贰”“不已”也。“无息”“不已”是常存而无不相续。“纯一”“不贰”是一致而无所杂。乃有已私杂处,则实理即不相续,(绝)〔一〕念懈歇,则已私即乘之而入;

故曰"纯(一)〔亦〕不已",亦可曰无息亦不贰。其所以能合天之"不贰""不已"者,唯诚之至,实理充满,天理常存于心目,而无一念之不诚间之也。○"久"是通计其始终,实理之积已久也。

三节 "征则悠远",言其征也则悠远。不息而久之,征必悠远,必博厚,必高明,皆其征之必然;三句相连,亦是文字如此。下二句必不可脱离"久则征"句。"悠远",创业立教,无近效而久道化成。"博厚",以德泽言。"高明",以治教言。

四节 "覆物"是并包万物而无所遗,光明下烛而皆遍在;"至诚",则物皆以人言。至诚所征之功,固是帝王事,然如孔子,亦何尝不有覆载成物之功,则亦不宜说煞帝王。○与天地同体同用,皆以理言,不可一味赞叹,观"所以"二字可见,若曰其博厚乃地所以载物之德也。

七节 "一言而尽",即下"其为物不贰"句。天不可以诚言,其"不贰"则与至诚之无息者同也。贰非二也,乃间杂之谓。自古至今,自大至小,自全至偏,皆是阴阳之气保合以成太和,故随所生之物皆是此一理贯通。○"其为物"物字,犹言其体,乃以运行化育之本体;既有体,则可名之曰物。

八节 此节是言天地之功化不贰,博厚则纯乎博厚,高明则纯乎高明,悠久则纯乎悠久,终古如斯,无有间隙。

九节 此四段,前三句是言天地之形体不贰,自"昭昭"而"无穷",自"撮土"而"广厚",皆是一色;下一截乃言"生物不测"。

末节 前于天言"不贰",于至诚言"无息",此节于天言"不已",于文王言"纯",交互见意。总以言"至诚无息"之道与天同,故其征文盛亦与天之"生物不测"同。

大哉圣人章

此章前五节一气赶到,“故君子”“故”字总承之,言圣人之道如此其大,故君子之修德以凝而行之者,其功必如此也。讲章时文有大狂惑者,将“发育”“峻极”作道体之本然说,而以“待其人”作圣人。《注》于首节言包下文两节,则“发育”“峻极”为圣人之道明矣。若以为道体之本然,则“发育万物”者天也。而可云天峻极于天乎?其不通至此。“待其人”之人若是圣人,则圣人之道待圣人而行,又岂成话!盖“发育万物”即下所谓“广大”,绝去己私,而以廓然大公之理待人物,则人物皆发起于善,而得遂其长育。“峻极于天”即下“高明”,人欲净尽,不下与流俗相杂,而物莫能蔽,则超出物表,而与天同其虚明。此圣人之道之体,待君子致之极之,而后凝以行也。“礼仪”则中庸之定则,“威仪”则精微文密用。此圣人之道之用,待君子尽之道之,而后凝以行也。“尊性”“道学”之功,必与圣人之道相应,而后其“至德”与“至道”相符。此亦诚之者与天道之圣合德之意。前人道章结在后,此章提在前,其旨则一也。○“行”是推行于功用;“凝”是如水之凝冰,结集坚固而不妄动。道必凝而后行,“居上不骄”节及下二章,皆言凝也。

故君子节　“温故”亦学问中事,而以为“尊德性”者,盖已知而存之于心,则为心德,亦习与性成之意。已能云“厚”者,积之深厚之谓。“敦”,益加勉也。

居上不骄节　此一节所谓凝道也。“凝”者,停凝审处而不遽行之谓。惟其凝之也固,而后行之也裕,故必君子“尊性”“道学”以有“至德”,而后能凝以待行。若德之未至,一知有圣人之道，遂忽欲试之于行，不度德，不循分，不因时，则其行也必悖。惟有至德者，求尽于己而大明于时位之宜，然后道凝，而或行或不行皆合于中也。“不骄”以德言。“不倍”以位言。有道而兴，无道而容，以时言。〇兴起在位而有言，可与时君议道之行。

愚而好自用章

次节　“文”字有辨字形、正音韵二义。〇三节，车之高卑大小定于轮，所碾成坑曰轨；车必由轨中行，大小高卑等，则轨同。

吾说夏礼节　此以见夫子之圣道已至，而以为下，故不敢以二代损益周制。〇“有宋存焉”，言行殷礼者自宋事，非己所从也。

王天下章

“王天下”乃受命创业之天子，德、位、时皆备者。

故君子节　“本身”以下，皆慎重以不轻制作。“本”“征”“考”“建”“质”“俟”俱是工夫字，必如此详谨，而不恃时位之隆遂轻于行，所谓“不骄”也。“本诸身”，必身之所可为者乃为之。“征诸民”，度民之所可从。“考三王”，以稽其同异而损益之。“建天地”，立天时地理为准则。“质鬼神”，以享祀百神，而昭告之必得其理。“无疑”，信其来格也。“俟后圣”，有作者必不能废我之宪典。“不惑”，不忧其可暂而不可久。

是故君子节　“动”“言”“行”俱以制作言。“行”者，制之而即自行之。‘言”者，著于方策以诏天下后世使遵行。“有望”远人视之以为法。“不厌”，臣民遵行之，不厌其烦难。

诗曰节 “蚤有誉”蚤字要紧。一闻有道,急欲行之,以邀制作之令名,则骄而不足以凝道。

仲尼祖述章

此章三节,时解首尾不贯,其迷谬在第一节板实作赞颂语。不知《中庸》要赞叹仲尼,何为至二节只是虚演,全无下落,与上下二节全不相涉!《注》中“此言圣人之德”,竟不理会。不知第一节言圣人之道之全备万善,与末句“天地之大”相应。第二节乃言有圣人之德乃备圣人之道,则第一节上虚叙作案,引起下文,若曰“仲尼之道祖述尧舜”云云者,以有“如天地之无不持载”云云之德也。第三节乃以“大德”“小德”指出“辟如”之实在。一章血脉之贯有如此。○第一节言圣道之大,二节言圣德之全;道之大同于德之全。末节就天地以证上意。○第二节“无不持载,无不覆帱”,“无不”二字要紧,与“博厚配地,高明配天”不同。“无不”者,言万物无不在其覆载之中,以譬仲尼于帝王之道法无不咸备。天地不有人而无兽,有此草而无彼木;仲尼亦道不废法,法不碍道也。“四时”“日月”二句,亦顶天地来,言天地之“日月代明”“四时错行”,昼夜寒暑分而合,以譬仲尼随时之义,一定之理,经权互用异以成其大常也。第三节言天地之所以大,第二节言仲尼之所以有首节大成之道。第二节虽不可说尽,而在仲尼身上讲,必须含下节之意,以见圣人之道,唯有圣人之德而〔后〕能之。○三节“道”字,兼四时日月而言。四时之道,冬至日极南而北,夏至日极北而南,及地有四游是也。日月之道,日之黄道,月之九道也。

唯天下至圣章

此章“至圣”虽言临天下云云，然承上章，则仲尼亦然。盖有君天下之德，则虽不在帝王之位，而固无所歉。后言“声名洋溢”，“莫不尊亲”，仲尼为万世师亦然。固不必黏煞仲尼，然如时文开口即说帝王，亦非。只还他“至圣”为是。

首节　“容”者，容天下之人。执者，执天下之事。“敬”者，敬事，敬臣民，敬鬼神。“别”者，别事理之得失。知非分别人品者，以“文理密察”不与知人相应。

次节　“溥博渊泉”是欲时出气象。

末节　“舟车所至”二句，以声教所至言。“天之所覆”二句，以地界广远言，犹云“普天之下”。“日月所照”二句，以有人处言，除幽谷暗昧、日月不照，沙碛火山、霜雾不坠，无人处外，皆血气者所居。

唯天下至诚章

“天下之大经”，天下人之大经。“天下之大本”，天下事之大本。

次节　上节言“化”，此节言“敦”，谓其能经纶大经者，以其仁肫肫也；能立大本者，以其渊渊渊也；能知化育者，以其天浩浩也。“其渊”渊字是密藏二字，“其天”天字是心体二字。“肫肫”“渊渊”“浩浩”是诚之至。满腔尽是慈爱人物的太和，是肫肫之仁。喜怒哀乐未发之时，密藏之天理，静深以备万理，是渊渊之渊。其心体之昭彻，容光必照，万化万理无不包涵洞烛，是浩浩之天。

要皆诚之至也。

末节　“聪明圣智达天德”是小德；固然实有，皆至诚无妄，则是大德。小德亦是化，大德乃所以敦之。凡小德皆大德之所灌注。〇唯圣人能知圣人，唯有圣人之诚乃知圣人之德，非孔子知尧舜之谓。子思岂自谓圣人乎！

衣锦章

章首至“温而理”，皆言道本如是。“知远之近”以下，乃言修德以凝道之功，必与道相应。“潜虽伏矣”二节以至“笃恭”，皆“暗然”之谓；“民劝”“民威”“天下平”，则其“日章”者也。

首节　“君子之道”，乃君子为学之道。〇“小人”乃伪为君子以求欺世之小人。〇“淡”谓静存动察时漠然静处，若无意味而作此，不令人可好，如今俗人笑正人扯淡之谓。“不厌”，言此存省之功，可以日日常经，不随事勤劳而至厌倦。“简”者，工夫唯在心意，而不求之事物之烦难。“文”者，天下之事理，分别周悉，皆在心意中也。“温”者，不求于物，而退求于心意，则于物无忤。“理”者，所以正物者即在此也。〇“远近”“风自”，止如《注》解，时文家添出家国，大谬。

潜虽伏矣节　此节即首章动而省察之意。〇“无恶于志”，亦自志正者言之，反诸其志，非平日存养之心所恶者。此句乃是工夫语。〇“人所不见”，须知即是己所独知。

相在尔室节　此节即首章静而存养之意，但次序不同。此以存养工夫彻始彻终，故序在后。

奏假节　此一节时解以为效验者，非；乃其发而加诸民者尔。

不显节　“笃恭”是存养省察之极致。无少间断,亦是君子始终不息之功,非赞其成德也。“恭”者,谨持而不失也。心意皆纯乎至善,则以临百辟,无不正大,故“天下”自仪型其德而“平”,切不可在容貌上说。

予怀明德节　“笃恭”亦只是“无恶于志”,不动不言而敬信,纯一无间之极至;则此节乃以形容操存之密,其专一于心意之微者如此。不大之声色,犹非至德之所藏,故进而拟其用心之细密如毛,然犹有一可执之形体;此则虚静之中自为操存,无一理之可执而涵万理,故不足以拟之。唯上天之所以化育者,于“无声无臭”之中,有“保合太和”以生变化之事,然后可以拟存养省察者之笃恭也。时解漫作赞叹功德语,说玄妙,皆无实之谈。○“輶”,轻也,而此所引之意,则言微也。○“载”,事也,乃生成运行之事,无声臭中自有密用,亦人不能见闻之极致耳。○存养省察乃尽性之功,尽性则至于命而达于天,缴回首章天命率性之本旨。

〔所解通一部《中庸》合为一章,每章合为一句。虽未知有当于子思本旨与否,而不敢如讲章时文之割裂牵合,以致文理不通而大义愈晦。知此,则知古人文字无前后不相应而相背之理,抑知自我作文字,须一意到底,不可凑合求成一片段而已,存乎善通者,不枉老人病中劳苦也。〕

图书在版编目(CIP)数据

大学·中庸/方向东导读注译. --长沙:岳麓书社,2025.4. --(古典名著全本全注全译).--ISBN 978-7-5538-2269-3

Ⅰ.B222.1

中国国家版本馆 CIP 数据核字第 2025SP1404 号

DAXUE · ZHONGYONG

大学·中庸

导读注译:方向东
出 版 人:崔 灿
责任编辑:周家琛
责任校对:舒 舍
书籍设计:罗志义

岳麓书社出版发行
地址:湖南省长沙市爱民路 47 号
直销电话:0731-88804152 0731-88885616
邮编:410006

版次:2025 年 4 月第 1 版
印次:2025 年 4 月第 1 次印刷
开本:890mm×1240mm 1/32
印张:6.25
字数:156 千字
ISBN 978-7-5538-2269-3
定价:35.00 元

承印:湖南省众鑫印务有限公司

如有印装质量问题,请与本社印务部联系
电话:0731-88884129